Höre endlich auf zu jammern

Mein aufrichtiger Dank gilt

Gisela Nehrbaß

Ohne ihre Beteiligung und Motivation,
wäre dieses Buch nicht entstanden

Nicole Wendschuh
Für die Satz- und Covergestaltung

Ernst Crameri

Höre endlich auf zu jammern

Du bist eine Zumutung
für die anderen

Tipps direkt aus der Praxis

Bibliografische Information der Deutschen Nationalbibliothek
Die Deutsche Nationalbibliothek verzeichnet diese Publikation in der Deutschen Nationalbibliografie; detaillierte bibliografische Daten sind im Internet über http://dnb.d-nb.de abrufbar.

Crameri-Naturkosmetik GmbH Beauty&Wellness

ISBN: 978-3-86689-022-0

Inhaltsverzeichnis

Vorwort

Liebe Leser,

egal, was der Grund war dieses Buch zu kaufen und mit lesen zu beginnen, ich kann Ihnen dazu gratulieren. Klasse, dass Sie sich mit diesem ekelhaften und lebensverneinenden Thema befassen. Das Leben und hier Ihr Leben ist zu wertvoll, um es ewig als Jammerer oder mit solchen Leuten zu verbringen. Zu welcher Gruppe gehören Sie? Zu den Jammerern oder zu den Glücklichen und Zufriedenen? Eine gute Frage, auf die ich meist die Antwort erhalte, kommt darauf an. Ja, wie immer im Leben, kommt es darauf an, es ist nur die Frage, auf was genau.

Das Buch dient dazu, Abhilfe zu schaffen und sich bewusst zu werden, was das ewige Gejammere überhaupt verursacht und auslöst. Der Schaden ist wesentlich größer, als der Nutzen. Es geht auch um die Mitmenschen, die das Theater mitmachen. Wenn die Jammerer keine Bühne für ihre Inszenierungen finden, werden sie damit aufhören, denn ohne Publikum macht es keine Freude. Da ist keiner da, der sie bedauert.

Für die Jammerer, nimm doch endlich dein Leben in deine eigenen Hände und mache eine Meisterleistung daraus, dass du glücklich und stolz sein kannst. Für die Leidtragenden, stoppen und unterbrechen Sie es, lassen Sie sich nichts mehr bieten. Irgendwann ist es genug, oder möchten Sie sich permanent runterziehen lassen? Ich glaube nicht. Das Buch gibt Inputs für die Jammerer, doch endlich mit dem Theater aufzuhören. Für die Leidtragenden die Gewissheit und Kraft, dass kein Mensch sie zwingen kann mitzumachen, wenn sie nicht möchten.

Möge das Buch beide auf ihrem Lebensweg begleiten und als Hilfestellung dienen, damit endlich Ruhe, Frieden und Harmonie einkehrt. Das Leben bewusst betrachtet, ist das Wertvollste, was wir haben. Unser Leben ist ein edles, kostbares Geschenk, welches wir erhalten haben, deswegen sollten wir es achten und ehren.

Ich wünsche den Jammerern und Leidtragenden dabei viel Erfolg, die notwendige Hartnäckigkeit und den Biss, es konsequent umzusetzen und durchzuziehen.

In diesem Sinne alles Liebe und Gute für Sie

Ihr Ernst Crameri

Gebrauchsanweisung für dieses Buch

Wie lustig sagte mir vor geraumer Zeit eine begeisterte Leserin, dass man für ein Buch eine Gebrauchsanweisung benötigt. Nun denn, brauchen tut man gar nichts. Es hat sich einfach bewährt, professionell vorzugehen. Die Frage, was ist letztlich der Sinn eines Buches, wieso kauft man es?

Weil einen das Thema interessiert

Das ist normalerweise der Grund eines Buchkaufes. Alles andere wäre reiner Blödsinn und wird wohl niemand machen. Wenn das Buch einen anspricht, möchte man natürlich davon einiges umsetzen. Wie immer, wenn man etwas vorhat, sollte es in der Regel zügig geschehen. Dies passiert jedoch nur durch ein konsequentes Anwenden, Tag für Tag.

Die Vergesslichkeitsquote

Diese kommt erschwerend hinzu. Die Macht der Gewohnheit und des Alltags tragen das Ihrige dazu bei, dass es nicht so schnell vonstatten geht, wie gewünscht. Sie werden es nicht glauben, wir vergessen innerhalb von 14 Tagen gut 90% des Gehörten oder des Gelesenen. Das ist immens viel und ein riesiger Hinderungsfaktor.

Lesen Sie professionell

Sie lesen eine Seite und dann halbieren Sie diese in Gedanken. Die obere Hälfte fassen Sie in einem Satz oder Stichpunkt zusammen, diesen notieren Sie in das weiße Feld des Buches. Genau das Gleiche machen Sie mit dem unteren Teil der Seite. So haben Sie auf jeder Seite zwei wichtige Merksätze oder Stichpunkte. Das ist vollkommen ausreichend für eine Seite. Wenn ein Kapitel abgeschlossen ist, fassen Sie alle Seiten zusammen, nehmen die für Sie fünf wichtigsten Inputs mit und halten diese fest. Am Ende des Buches nehmen Sie exakt diese Punkte und suchen sich die fünf wichtigsten heraus.

Die meisten wollen zu viel erledigen und umsetzen

Nach dem Prinzip von, das ist noch wichtig und das auch und so weiter. Sie können nie und nimmer alles erfassen und daran arbeiten. Das ist ein Ding der Unmöglichkeit und funktioniert nicht, ist zum Scheitern verurteilt. Sie können sich jedoch auf fünf Punkte konzentrieren und diese nummerieren Sie durch. Dadurch haben Sie eine klare Reihenfolge, Platz Nr. 1, zwei, drei, vier und letztlich die fünf.

Sie arbeiten täglich daran

Dies ist das Entscheidende, dass Sie täglich intensiv daran arbeiten. Solange, bis Sie die fünf wichtigen Dinge erledigt haben und sie zu einem Teil von Ihnen geworden sind. Dadurch arbeiten Sie konsequent und erreichen letztlich wesentlich mehr in Ihrem Leben. Stets im Auge behaltend, dass unsere Lebenszeit zeitlich stark limitiert ist.

Wieso wird gejammert

Es gibt immer einige Gründe zu jammern. Jammerer finden natürlich Tausende von Gründen, wieso gejammert werden muss. Für die betreffenden Personen ist es ein wichtiger Akt, um nicht zu sagen, teilweise sogar ein Sport geworden, welcher ihnen Erfüllung schenkt. Aber auf solche Geschichten könnte man als Nicht-Verursacher liebend gerne verzichten.

Es gibt immer mehr Jammerer

Haben Sie nicht auch das Gefühl? Die Jammerer sind dermaßen auf dem Vormarsch. Es gibt wohl nichts, was nicht bejammert werden kann. Die gesamte Nation ist fast zu einem Volk von Jammerern, Zauderern mutiert und das auf einem sehr hohen Niveau. Es ist für viele zu einem Lebensinhalt geworden. Eine große Katastrophe und vor allem zeitraubend, schlussendlich nutzlos.

Wieso haben Sie dieses Buch gekauft

Was war und ist Ihre Motivation? Als Jammerer haben Sie es vielleicht geschenkt bekommen oder es interessiert Sie, weil Ihnen Ihre Jammerei selbst auf den Geist geht. Das wäre natürlich eine gute Ausgangsbasis, um endlich damit aufzuhören. Als Geschenk sinkt Ihre Motivation und es wird schwierig werden. Vielleicht haben Sie es auch von einem Menschen, der Sie mag, geschenkt bekommen, der Ihr Gepinse nicht weiterhin erträgt.

Was ist Ihre Motivation

Wieso jammern Sie? Geht es Ihnen wirklich dermaßen schlecht? Fühlen Sie sich dabei wohl? Viele Fragen, die wir im Verlaufe des Buches gemeinsam anschauen werden. Folglich machen Sie sich keine Sorgen, wir werden es packen, dass Sie von Ihrem schweren Leiden geheilt werden. Vorausgesetzt Sie machen mit, sind offen und ehrlich zu sich, dies ist natürlich die Ausgangsbasis, ansonsten kommt es zu keiner Veränderung.

Als Leidtragender

Für Sie habe ich die Botschaft, wieso machen Sie mit? Warum bieten Sie Jammerern überhaupt eine Bühne oder Plattform, auf der diese sich frei bewegen können? Tut es Ihnen vielleicht sogar gut? Brauchen Sie es eventuell selbst? Gehören Sie vielleicht zu denen, die mitmachen? Nun denn, nichts ist unmöglich.

Sie haben es in Ihrer Hand

Sie sind natürlich nicht gezwungen, bei dem Spiel mitzumachen. Ich gehe einmal davon aus, dass Sie in einem freien Land leben, wo man eine Meinung äußern darf, Gott sei Dank. Dazu gehört natürlich auch, sich die Freiheit zu nehmen, dem Spiel ein rasches Ende zu bereiten.

Haben Sie keine anderen Sorgen

Ich weiß, in Ihren Augen, als Menschentyp Jammerer, eine riesige Unverschämtheit und Frechheit. Wie kann man nur so etwas denken, geschweige denn schreiben, das ist ja wohl das Allerletzte. Aber ich werde noch weitere, solche Frechheiten bringen. Denn es ist die einzige Chance, in Ihnen etwas in Bewegung zu bringen, Sie dauerhaft wachzurütteln, damit Sie eine Veränderung in Ihr Leben implementieren. Das ist dringlich, um von der Jammerei loszukommen. Auch wenn einige Therapeuten jetzt der Meinung sind, derart hart geht man nie und nimmer vor, da sollte man vorsichtig sein.

Wir machen ja keine Therapie

Wir reden nur eine deutliche, klare, offene und unmissverständliche Sprache, das schön Schwätzen gibt keinen Sinn. Nette Umschreibungen, wie „Ja, es wäre halt schön. Wissen Sie, es ist nicht einfach für die anderen, mit Menschen, die jammern umzugehen." Und weitere nette Floskeln, das nützt nichts, dringt nicht einmal bis zu ihnen durch.

Wenn ich Menschen darauf anspreche

Dass es eine Zumutung ist, jammernd durchs Leben zu gehen, behaupten die meisten tatsächlich, sie können es selbst nicht verstehen. Es eine Frechheit ist und postwendend jammern sie ohne Punkt und Komma weiter, das ist fatal. Die Leute merken es nicht, wie sie permanent am Jammern und Klagen sind, unglaublich. Aber so ist der Mensch aufgebaut und strukturiert.

Sollte das Buch für Sie unerträglich werden

Dann werfen Sie es weg, ab in den Mülleimer, wieso sich unnötig mit Dingen belasten, die einem nichts bringen, nicht gut tun. Oder Sie schenken das Buch jemandem, von dem Sie denken, dass es dort gut aufgehoben ist und Sie ihm damit eine Freude bereiten.

Mir geht es nicht gut

Nun denn, nach welchem Prinzip kommen Sie zu diesem Urteil? Was hat Sie dazu inspiriert? Mit wem haben Sie sich verglichen? Welches sind Ihre Anhaltspunkte? Mit wem haben Sie sich darüber unterhalten? Wie lange haben Sie diesen Gedanken bereits in Ihrem Kopf? Die Antwort kenne ich genau „Das weiß ich nicht“ ist die übliche Floskel. Sich nur nicht zu intensiv mit dem Thema befassen zu müssen. Dabei ist es immens wichtig, für Klarheit zu sorgen.

Wieso belästigen Sie andere Menschen

Merken Sie, es geht unverzüglich so weiter. Und es wird noch weitaus schlimmer werden. In dieser Art redet man aber nicht mit erwachsenen Menschen, das gehört sich nicht. Richtig, nur wenn man erwachsen sein will, sollte man auch dringlichst aufhören, andere Menschen mit dem ewigen Gejammere, von früh bis spät zu belästigen. Es ist einfach ätzend, widerlich, abstoßend und eine bodenlose Unverschämtheit.

Das Schlimme, sie merken es nicht einmal

Das ist der Oberhammer, diese Leute merken es nicht einmal, in ihrem Übersprudeln und Mitteilen der üblen Dinge. Sie können es aber auch nicht merken, weil es genau solche Statisten gibt, die stumm mitmachen und überaus geduldig zuhören. Das ist die eine Gruppe, die andere liebt es natürlich sehr, danach ihren Senf dazu zu geben und auch in das Gejammere mit einzustimmen. Ist das nicht schlimm?

Die dümmste Frage ist „Wie geht es“

Das ist für viele gleich der Freibrief, ohne Punkt und Komma loszulegen. Die meisten besitzen noch nicht einmal den Anstand, den Gegenüber nach dem Gelabere zu fragen, wie es ihm geht. Wozu auch, man ist zu sehr mit sich beschäftigt und hat Angst, dass man zu kurz kommt.

Ich bewundere die Detailversessenheit der Erzähler

Es ist faszinierend zuzuhören, wie die Dinge ausgeschmückt werden „Dann hat er gesagt, dann habe ich gesagt, usw.“ Ich gehe davon aus, Sie kennen es zur Genüge, wenn Sie das Vergnügen haben, solche Menschen um sich herum zu haben, oder sogar mit ihnen leben zu müssen. Das ist nur ätzend und unverschämt, zermürbt ohne Ende.

Wieso texten Sie die Leute derart zu

„Tja, was soll ich denn machen, wenn die mich fragen, wie es mir geht?" Richtig, und wenn diese nicht fragen, wird genauso viel gequatscht, ein Thema finden Labertüten immer. Unglaublich, welches Tempo hier manche an den Tag legen. Ganz toll finde ich es, wenn dies in einer Lautstärke geschieht, dass möglichst alle in der näheren Umgebung es mitbekommen.

Mitleid erhaschen und bedauert werden

Welch brisantes Gemisch da häufig zusammentrifft, richtig klasse und erbauend, dass man es nötig hat, Mitleid erwecken zu müssen. Das kann ich nicht verstehen und begreifen, es ist für mich unfassbar. Ich kenne eine Menge Leute, auch einige, die wirklich durch Todesfälle oder schwerster Krankheit gebeutelt wurden. Diese Leute ziehen in den seltensten Fällen solch eine Show ab, sondern trauern oder leiden, ohne groß darüber reden zu müssen, nehmen ihr Schicksal als gegeben an.

Die richtig Gebeutelten sind ruhig

Für mich bewundernswert, mit was für einer Grandezza Schicksalsschläge ertragen werden, oftmals noch von Gott gegeben. Unfassbar, im Vergleich zu all den anderen Menschen, die permanent am Jammern und Lamentieren sind. Sie tragen es mit Fassung und arbeiten mit dem Schmerz, ohne es jedermann ausführlich erzählen zu müssen. Sind dankbar für das, was noch ist oder geht und freuen sich über jede Kleinigkeit, sehen nichts als Selbstverständlichkeit an.

Ich finde es widerlich

Schrecklich, was manche vom Stapel lassen. Von früh bis spät in die Nacht hinein, sind sie am Jammern und Lamentieren, durch nichts zu stoppen, ohne Punkt und Komma. Telefonate bis tief in die Nacht hinein, mit allen möglichen Freunden und Bekannten. Keiner bleibt dabei auf Dauer verschont. Wenn man diesen Leuten etwas sagt, werden sie noch böse, aggressiv und sind tödlich beleidigt. Im gleichen Atemzug jammern sie unverzüglich weiter, dass keiner Verständnis für ihre schreckliche Situation hat. Keinem geht es so schlecht, wie gerade ihnen. Sie suhlen sich regelrecht in ihrem scheinbar unvermeidlichen Elend.

Was ist, wenn tatsächlich etwas passiert

„Dann nehme ich mir das Leben" ist ein dummer Spruch. Diesen bekommt man aber häufig zu hören. Ohne nur eine Minute an all die armen Menschen zu denken, denen es wirklich schlecht geht, bei denen es um Leben und Tod geht. Nein, die eigene Situation ist einmalig und die Schlimmste.

Lieben Frauen diesen Sport besonders

Frauen sind große Meister darin, sie lieben diese Disziplin wirklich über alles. Haben in der Regel noch einen lieben Partner an ihrer Seite, der das Spiel mitmacht. Die Komödie ist wahrlich vollendet und perfekt. Wenn die wüssten, wie lächerlich das nach außen wirkt.

Woher ich das alles weiß

Weil ich auch in der glücklichen Situation war und die Show mitgespielt habe, bis ich endlich bemerkte, dass es überhaupt nicht echt ist, darüber später mehr. Leider hat es lange gedauert, bis ich das Theater durchschaut habe. Leider, leider hat es mich einige Zeit, meines wertvollen Lebens gekostet.

Überprüfen Sie es am besten selbst

Wer jammert am meisten in Ihrer Umgebung? Sind es die Männer oder eher die Frauen? Sie werden nahezu immer mehr Frauen vorfinden, die über ihre Männer, das Geld, die Kinder, über alles jammern. Das scheint wohl in der Natur der Dinge zu liegen, dass das weibliche und damit schwächere Geschlecht es in die Wiege gelegt bekommen hat. Um damit das vermeintlich stärkere Geschlecht auszunutzen, die Männer gefügig zu halten und damit wiederum die Stärkere zu sein.

Gehen Sie mit offenen Augen durchs Leben

Beobachten Sie genau Ihr Umfeld. Wenn man dies tut, wird man erstaunt sein, was da alles gespielt wird, welche Tragödien, ohne Rücksicht auf Verluste. Alle Achtung, mit welcher Begeisterung und welchem Engagement vorgegangen wird, fast bis zur Selbstaufgabe. Das Ganze kostet aber unnötig Kraft und Energie. Wenn man diese Energie für Sinnvolleres nutzen würde, da käme ja Großartiges dabei heraus.

Wieso jammerst du so

Die Leute werden Ihnen keine vernünftige Antwort geben können, weil sie es selbst nicht wissen und genauso weiter machen, wie bisher. Das Jammern ist ein beliebter Volkssport geworden und ganz schlimm, wenn dann noch eine Gruppe zusammentrifft. Da wird oft kein Stein mehr auf dem anderen gelassen. Alles wird zerrissen, über alles geschimpft und das große Elend vor allen Anwesenden langatmig ausgebreitet. Ob es jemanden interessiert oder nicht, dies ist eine bodenlose Unverschämtheit.

Wer hat Ihnen das Jammern beigebracht

Wer war das, denn von alleine kann man es nicht. Oder haben Sie schon kleine Babys erlebt, die den lieben langen Tag jammern, sich beklagen? Dann Kleinkinder, die von früh bis spät lamentieren? Kinder sind von Natur aus regelrechte Frohnaturen, meist glücklich und dankbar. Natürlich haben diese auch ab und zu einmal eine kleine Störung, aber nicht den ganzen Tag über, diese ist gleich vergessen. Je älter die Kinder werden, desto mehr übernehmen sie das Verhalten ihrer Vorbilder.

Kinder sind exzellente Nachahmer

Genau das ist das Problem bei der Sache, Kinder lieben ihre Eltern über alles. Sie sind das Größte, was es in der Kindheit gibt. Kinder möchten in den ersten Jahren so sein, wie die Eltern. Sie werden alles daran setzen, um zu gefallen, perfekte Imitatoren. Schauen wir uns solch ein Leben an. Wir nehmen eine ganz normale Ausgangssituation. Selbstverständlich gibt es auch andere Elternhäuser. Das Buch dreht sich jedoch in erster Linie um das ewige Jammern und Klagen.

Früh morgens nach dem Aufstehen

Wie sieht es morgens bei den meisten Menschen aus? Der Wecker klingelt, oh Mann die Nacht war schon wieder so kurz. „Scheiße, wir müssen aufstehen, aber ich habe überhaupt keine Lust! Jeden Tag das gleiche Spiel. Hoffentlich dauert es nicht mehr so lange bis zum Wochenende, Urlaub oder zur Rente." Nun denn, man quält sich aus dem Bett und schlurft gemächlich ins Bad. Manchmal vor sich hin lamentierend und laut stöhnend. Nach der Toilette geht man in die Küche. Die Kaffeemaschine läuft, das Radio wird angemacht, der Frühstückstisch gedeckt, Routine ohne Ende. Vielleicht sitzt man, wenn alles gut geht, gemeinsam am Tisch und frühstückt, alle mit finsteren Gesichtern, außer das Kind. Denn es ist ja noch so früh, und man muss gleich zur Scheißarbeit, das wird wieder ein langer Tag. Mitten in dem Geschehen, sitzt das kleine Kind und bekommt alles aufmerksam mit.

Die Eltern quälen sich

Das tut dem Kind weh, es möchte natürlich, dass die Eltern gut drauf sind, es ihnen gut geht und sie glücklich sind. Alles andere gilt es unbedingt zu vermeiden. Nur wenn es in die finsteren Minen schaut und die bruchstückhaften Gespräche mitverfolgt, muss es zwangsläufig eines feststellen, es ist alles andere als lustig, aufzustehen. Die Arbeit muss ja etwas ganz Furchtbares sein. Tag für Tag bekommt das Kleine dieses fiese Spiel mit. Es manifestiert sich in dem Kind immer stärker. Bereits nach kurzer Zeit empfindet das Kind genauso und es dauert in der Regel nicht lange, bis die gleichen Worte, Gestik und Mimik verwendet werden. Sie glauben nicht, wie schnell die Kinder das annehmen, da diese äußerst lernfähig sind.

Die Zeit des Aufbruchs

Es ist Zeit zur Arbeit zu fahren, missmutig und übellaunig macht man sich auf den Weg. Öfters unter Stöhnen und verbalen Entgleisungen von „Das kotzt mich so an, diese Drecksarbeit. Immer muss ich arbeiten gehen. Ich habe keinen Bock, keine Lust. Dieses Arschloch von Chef. Bin ich froh, wenn ich Urlaub habe“ und viele weitere Aussagen. Schon wieder wird es zum Programm des Kindes. Ja, genau so ist es, wenn man morgens aufsteht und zur Arbeit geht. Etwas ganz Schreckliches, der arme Papa und vielleicht auch die arme Mama.

Mama ist zu Hause

Auch sie ist in der Regel nicht gerade glücklich, denn ihr Job zuhause ist nicht lustig. Den lieben langen Tag sich um das kleine Kind zu kümmern, den Haushalt zu machen, kochen, bügeln, waschen, putzen und vieles mehr, nervt unendlich. Tag ein, Tag aus der gleiche Trott. Auch sie kann es sich in der Regel nicht verkneifen, zu klagen und zu jammern. Dann trifft man sich bestimmt im Laufe des Tages mit anderen Müttern und das Dilemma nimmt seinen Lauf. Es gibt ja mehr als genug zu schimpfen und zu verfluchen.

Der Alltag einer Mama

Wir wollen uns gemeinsam einen Alltag anschauen, wie er tausendmal vorkommt. Natürlich gibt es sicherlich andere Momente, es gibt Menschen bei denen läuft es 100% anders. Das ist auch gut so, sollten Sie mit dem einen oder anderen nicht einverstanden sein, darf es Sie nicht weiter belasten. Vielleicht erkennen Sie sich oder andere wieder. Nehmen Sie es mit auf, schmunzeln und lachen Sie. Sollte es Sie jedoch treffen, weil Sie sich hundertprozentig erkennen, bitte nicht aufregen, schimpfen, sondern nur kurz darüber nachdenken. Sich hinterfragen, ob es vielleicht nicht eine bessere und elegantere Lebensform für Sie gibt.

Das harte Los einer Mutti, die zu Hause ist

Das Kleine permanent im Bann der Mama. Von früh bis spät, nur unterbrochen durch einige Schlafeinheiten. Wenn der Mann aus der Hütte ist, setzt sich die Mama erst einmal hin und stöhnt laut. „Endlich Ruhe, buah..........!" Vielleicht raucht sie noch eine Zigarette. Das kleine Kind will seine Aufmerksamkeit. „Ja, ja ich komme ja schon. Lass mir doch bitte ein paar Minuten meine Ruhe. Siehst du denn nicht, dass ich völlig abgestresst bin? Was ihr immer alle von mir wollt, das ist ja unglaublich, ihr macht mich fertig." Wunderbar für den kleinen Erdenbürger, denn er möchte auf gar keinen Fall, dass die Mama wegen ihm leiden muss.

Vielleicht klingelt das Telefon

Es könnte ja sein, denn man hat meistens seine Leidensgenossinen. Die beste Freundin, die auch unter dem gleichen harten Los leidet. Man nimmt das Gespräch an „Ja hallo, ach du bist es. Oh Mann, ich hätte mich ja schon wieder so aufregen können. Stell dir vor, was da wieder alles war. Also weißt du, ich habe es so satt. Ich würde am liebsten alles hinschmeißen und gehen, es kotzt mich dermaßen an. Weißt du, wenn ich daran denke, dass ich noch den Haushalt machen muss, da bin ich schon wieder bedient. Nachher muss ich mit dem Kleinen auf den Spielplatz und zum Einkaufen. Wann soll ich das alles schaffen? Dann kommt bald mein Mann nach Hause, da muss das Essen auf dem Tisch stehen. Ich habe keine Lust mehr, wenn ich daran denke, dass es ein Leben lang so weiter geht, nein, nein. Ach übrigens, wie geht es dir heute?" So, oder ähnlich kann ein Dialog stattfinden, klasse, finden Sie nicht auch. Das arme, arme Kind, welch einen schrecklichen Eindruck bekommt es dadurch vom Leben.

Nach dem Gespräch geht es ans Aufräumen

Wieder wird gestöhnt und vor sich hingeflucht oder auch gejammert. Das Kleine immer in der Nähe der Mama. Vielleicht wird zwischendurch eine Runde gespielt. Oder es kommt eine Freundin oder die Nachbarin zu Besuch. Eine mehr als willkommene Abwechslung, um für kurze Zeit aus dem Dilemma ausbrechen zu können. Welche Wohltat, sich gemütlich bei einer Tasse Kaffee hinsetzen zu können und ein wenig zu plaudern. Das Gespräch wird so ähnlich verlaufen wie oben. Wahrscheinlich werden ja auch noch die Männer zum Thema, denn das ist immer ein gerne aufgegriffener Gesprächsgegenstand.

Die schrecklichen Männer

"Stell dir vor, der ist wahnsinnig schlecht drauf, hilft überhaupt nicht im Haushalt, macht gar nichts. Es ist ein Wunder, dass er überhaupt das Kind kurz in den Arm nimmt und ein wenig spielt. Er hat sich total verändert. Weißt du, was mich auch nervt, der will jeden Abend Sex." „Was? Deiner auch, also meiner ist solch ein Ekelpaket, die haben wohl alle nur Bumsen im Kopf. Mir reicht es langsam aber sicher!" „Mir reicht es schon lange und weißt du, was das Schlimmste ist, er lümmelt sich jeden Abend mit seinem Bier in der Hand auf die Couch und zippt alle Fernsehprogramme durch. Ich könnte ihm manchmal eine reinhauen."

In gemütlicher Runde echauffiert man sich

Stets das kleine Kind in Reichweite, dass es alles genau mitbekommt. Wenn auch noch nicht alles verstehend, merkt es jedoch an den Stimmen und der Lautstärke, dass das Leben wirklich nicht so lustig sein muss und der Papa böse ist, weil er die Mama quält. Das kann so aber nicht sein, ist nicht in Ordnung.

Vielleicht kommt noch die Mutter zu Besuch

„Ach mein armes Kind, was du alles mitmachen musst. Weißt du, mir geht es genauso mit dem Papa. Ich habe schon unendlich viel mitgemacht. Im Laufe der Jahre habe ich mich damit abgefunden. Was soll ich denn machen? Jetzt noch weglaufen? Da halte ich lieber die paar Jahre durch. Weißt du, ich habe mir mein Leben anders vorgestellt, nun ist es halt so gekommen. Ich hätte damals nicht deinen Papa heiraten sollen, sondern den anderen. Da wäre mir einiges erspart geblieben.“ Na bravo liebe Oma, das ist die perfekte Nummer für dein Enkelkind und natürlich eine Wiederholung für deine Tochter, dass das Leben nun einmal so ist und man daran nichts ändern kann.

Es wird geputzt

Dabei wie wild geflucht, für mich ist es immer wieder erstaunlich, wie viele Frauen beim Putzen stöhnen und vor sich hin lamentieren. Dazwischen das Kleine immer irgendwo im Wege. So quält man sich durch die Wohnung. Schimpft nach Möglichkeit mit dem Kind, weil es bestimmt etwas angestellt hat. Stress, Stress und nochmals Stress. Völlig fertig setzt man sich dann wieder hin und starrt in die Luft oder greift ein weiteres Mal zum Hörer. Man braucht jemanden, um sich auszutauschen.

Schnell zum Einkaufen

Dieses notwendige Übel muss zwischendurch auch erledigt werden. Schnell das Kind in den Kinderwagen gesetzt, oder ins Auto und ab geht es. Hetzend durch den Supermarkt, inspiriert von schönen Dingen, die man gerne hätte. Aber dann vielleicht doch nicht, denn das blöde Geld, die Kohle reicht hinten und vorne nicht. Der nächste Frust ist vorprogrammiert.

Mittags vielleicht Kaffee trinken oder Spielplatz

Es gibt natürlich einige Möglichkeiten, einen Mittag irgendwie zu verbringen. Mit Sicherheit in Kommunikation mit anderen, irgendwo trifft man sich immer. Reden, reden und nochmals reden. Eine der Damen hat bestimmt etwas Wichtiges zu berichten.

Gegen Abend kochen

Was für ein Stress, noch schnell etwas auf den Tisch zu zaubern, da der liebe Mann nach Hause kommt, aber was wieder kochen? Jeden Tag diesen Stress, einfach unnötig. Zwischendurch muss das Kind noch etwas zu Essen bekommen. Dann Windeln wechseln und so vergehen die Tage wie im Fluge.

Der Papa kommt nach Hause

Das Kind freut sich ab einem bestimmten Alter auf den lieben Papa. Wie dieser jedoch manchmal nach Hause kommt, ist nicht gerade lustig und erheiternd. Oft völlig abgeturnt von dem Arbeitstag, will dieser seine Ruhe haben, reagiert barsch und unfreundlich, das darf doch nicht wahr sein.

Papa, Papa, Papa

Die Kleinen können es kaum erwarten. Papa kommt zur Türe herein, schon stürzen sie sich auf ihn, wollen ihm etwas erzählen oder einfach nur auf den Arm genommen werden. Da gibt es coole Väter, die souverän sind. Das Kleine gleich zur Begrüßung auf den Arm nehmen, ein paar liebe Worte und Streicheleinheiten für ihr Kind übrig haben. Ein Großteil will jedoch erst seine Ruhe und tut das sofort kund.

Komm lass mich im Moment gehen

„Es war ein Scheißtag, dieser Chef ist das Letzte, dem werde ich es bald zeigen. Das lasse ich mir nicht länger bieten. Es reicht mir jetzt langsam aber sicher, für den Hungerlohn, so hart arbeiten zu müssen. Wer bin ich denn überhaupt? Das habe ich doch gar nicht nötig? Was glaubt denn der Idiot? Und mein Kollege, das ist auch ein Superdepp. Heute hatten wir noch eklige Kunden, ach bin ich froh, wenn bald Wochenende ist. Sei froh Kind, dass du noch nicht zur Arbeit musst. Na ja, das wirst du noch früh genug erleben, es ist alles dermaßen zum Kotzen. Mir reicht es, reicht es wirklich!" Derart läuft es häufig in den Familien ab, das ist doch schrecklich, um nicht zu sagen fatal.

Ein Bier muss her

Das Wichtigste ist dann natürlich sofort ein Bier. „Oh das tut gut!"

Wiederum klasse für ein Kleinkind, es lernt, dass man nach der Arbeit mit einem Bier zu besserer Stimmung gelangt. Das Kleine bekommt dies etliche Jahre mit, wie Papa immer schimpfend nach Hause kommt. Kaputt ist, Ruhe braucht, ein Bier trinkt und danach bessert sich langsam aber sicher die Stimmung. Wahrlich keine guten Assoziationen für einen positiven Lernstart ins Leben.

Gemeinsames Abendessen

Je nachdem wird gesprochen, oft gejammert, jeder erzählt von seinem Scheißtag und seinen Problemen. Oder es herrscht totale Funkstille, was in vielen Familien der Fall ist. Jeder hängt seinen Gedanken nach und träumt von etwas anderem. Von dem großen Glück der anderen, die es gut haben und der Ungerechtigkeit einem selbst gegenüber. Oder es läuft sowieso der Fernseher.

Kinder sind normalerweise fröhlich und lustig

Kinder sind reine Frohnaturen und genießen ihr Leben. Nur mit diesen komischen Erwachsenen vergeht es ihnen oft für ihr gesamtes Leben. Aus den berühmten Vorbildern werden oft genau die Gegenteile, schlechte Vorbilder und dazu noch belastend, das darf doch nicht wahr sein. Was gibt man dadurch seinen Kindern mit auf den Lebensweg? Was tut man ihnen damit an? Wie sollen da lebensbejahende, glückliche Menschenkinder heranwachsen?

Die Seele des kleinen Kindes verdunkelt sich zusehends

Es ist schon fatal, wie durch das Vorleben der Eltern aus einem positiven und lebensbejahenden Geschöpf, im Laufe der Jahre, genau das Gegenteil wird. Es nimmt die Wesenszüge der Mutter oder des Vaters an, da werden die wichtigen Weichen gestellt. Damit beginnen die Schwierigkeiten für das spätere Leben. Wahnsinn, was die Eltern bereits in frühen Jahren ihren kleinen Kindern antun und mit auf den Weg geben. Darüber sollte man sich als Elternteil seine Gedanken machen.

Wenn man die Eltern darauf anspricht

„Was soll denn der Quatsch? Was ist das für eine komische Sentimentalität? Die sollen ruhig von Anfang an wissen, dass das Leben kein Zuckerschlecken ist, je früher, desto besser. Wieso soll ich mein Kind schonen, soweit kommt es noch. Nie und nimmer, mich hat damals auch niemand geschont! Die sollen ruhig die Realität kennenlernen.“ Und weitere nette Sprüche, die Sie mit Sicherheit kennen.

Für beinahe alles braucht man eine Erlaubnis

Nur für Kinder in die Welt setzen und die Erziehung, benötigt man keine Erlaubnis oder ein Führungszeugnis. Das kann jeder völlig frei handhaben, wie er es gerne möchte. Vater Staat tritt erst in Aktion, wenn äußere Merkmale von Gewalt zu sehen sind. Wie wir jedoch immer wieder aus den Medien erfahren, nicht einmal dann. Da quält und schlägt man Kinder, bis zum Tode. Vergewaltigung der eigenen Kinder, das Ganze noch unter dem Deckmäntelchen der Liebe. Viele schauen weg, fühlen sich nicht verantwortlich oder haben Angst, das Ganze zur Anzeige zu bringen. Nun, von diesen schlimmen Fällen an Abartigkeiten wollen wir hier nicht reden, das würde bei Weitem das Ganze sprengen.

Lasst endlich die Kinder in ihrer Natürlichkeit

Das ist meine dringliche Botschaft an alle Erwachsenen. Diese fröhliche Unbekümmertheit darf man doch niemals zerstören. Es ist sträflich und das schlimmste Verbrechen, das man solch einem jungen Menschenkind überhaupt antun kann. Kinder in ihrer Natürlichkeit sind liebenswert.

Die Botschaft wird jedoch nicht viel bewirken

Normalerweise bin ich ein absoluter Polei-Mensch (ein Mensch mit positiver Lebenseinstellung). Nur in dem Fall hier eher das Gegenteil davon, denn es ist leichter, ein Königreich umzustoßen, als die Gewohnheiten der Menschen. Die meisten Leute haben es so erlebt und geben es direkt weiter.

Essen, Trinken und Wohnen reichen aus

So kommt es mir oft vor, das sind die drei elementaren Dinge und diese müssen bei Weitem für alles ausreichen. Wenn es jedoch darauf beschränkt ist, verkümmert diese kleine Menschenseele. Der Mensch benötigt weitaus mehr. In erster Linie ganz ganz viel Liebe, Zärtlichkeit, Aufmerksamkeit, Fürsorge, Anerkennung, Lob und das Bewusstsein, dass er gerne und gut aufgenommen ist. Durch dieses Verhalten stärken Sie Ihrem Kind das Rückgrat, das ist sehr wichtig.

Wir haben keine Zeit dazu

Diese Aussage höre ich öfters, keine Zeit, sich richtig und intensiv mit seinem Kind beschäftigen? Ihm das zu geben, was es wirklich und wahrhaftig benötigt, um zu einem glücklichen Menschenkind heranzuwachsen? Wahnsinn, wieso hat man dann überhaupt Kinder in die Welt gesetzt? Weil es dazu gehört, halt passiert ist? Oder weil man wirklich Kinder wollte? Diese Frage kann nur jeder für sich alleine beantworten.

Der hat gut reden

Natürlich habe ich gut reden, sehr gut sogar. Der hat ja gar keine Kinder. Richtig ich habe keine Kinder, noch keine. Wer keine Kinder hat, weiß überhaupt nicht, wie es geht, auch das ist richtig. Das Einzige was ich weiß, sind die Erfahrungen bei meiner täglichen Arbeit, den Schulungen, Seminaren und beim Coaching. Da darf ich Tag für Tag bei den Erwachsenen feststellen, in was für einem Dilemma diese leben. Wie schrecklich, welche tiefen Wunden und Narben die Erziehung hinterlassen hat. Wie schwer es ist, da den Absprung zu finden und das Vergangene zu vergessen. Loszulassen und sich völlig frei von all diesem negativen Müll zu machen. Näheres darüber im Kapitel Ihre Glaubenssätze.

An alle Erwachsenen, die es mit Kindern zu tun haben

Hierzu zähle ich die Eltern, Großeltern, Erzieherinnen, Lehrer, Lehrmeister, Trainer und weitere Personen. Alles Menschen, die den Kindern Vorbild sein und ihnen etwas beibringen sollten. Sie haben eine der wichtigsten Funktionen, die man überhaupt nur innehaben kann, auf sie alle kommt es an. Sie können starke und lebensfrohe Menschen schaffen, die ihren Weg unbeirrbar gehen oder mithelfen, das krasse Gegenteil zu erreichen.

Wir haben keine Chance, gegen das Elternhaus

Natürlich ist es nicht einfach, da die Kinder die meiste Zeit sich außerhalb Ihres Wirkungskreises befinden. Manchmal haben Sie die Kinder einen ganzen Tag, manchmal nur für wenige Stunden. Vermitteln Sie ihnen in dieser Zeit die Botschaft, dass das Leben mehr als lebenswert ist, alle Chancen offen stehen. Dass durch einen unermüdlichen Einsatz, verbunden mit einer positiven Lebenseinstellung, einem die ganze Welt offen steht. Mit dieser Einstellung jeder Großes in seinem Leben bewirken kann.

Was haben Sie für eine Einstellung

Das ist jetzt die Frage, letztlich die alles entscheidende Frage, wie stehen Sie im Leben? Sind Sie immer gut drauf, froh gelaunt, positiv und lebensbejahend? Nun denn, wenn ich da an einige der Leute denke, die ich kenne und die diese Funktion innehaben, muss ich es leider für manchen verneinen. Wenn Sie das Thema näher interessiert, auch bezüglich der Beeinflussung, lesen Sie das Buch „Ein Millionär als Traumpartner!"

Ich bin auch nur ein Mensch

Keiner streitet das ab, auch ich habe meine Fehler. Das ist natürlich richtig und vollkommen normal. Frage ist nur, wie sehr arbeiten Sie an sich? Wie intensiv beschäftigen Sie sich mit einem positiven Leben? Kommt darauf an, ist hier die geflügelte Antwort. Frage ist, auf was es ankommt. Genau hier bleiben die meisten eine Antwort schuldig, das ist leider nicht gut.

Wer überprüft die Spezialisten

Wer schaut regelmäßig vorbei und überprüft die Vorgehens- und Unterrichtsweise mit und an Kindern? In der Regel wohl eher niemand. Nachdem man das Examen, die Prüfung abgelegt hat, ist man frei, kann tun und lassen, was man möchte. Nur, so weiß man nie genau, in welche Richtung das Ganze läuft. Sollte es überprüft werden, ja wer überprüft dann die Überprüfer? Spätestens jetzt wird es richtig kompliziert.

Das ist ja ein Schwachsinn

Nun denn, wie bereits erwähnt, gibt es mehrere Sichtweisen. Dies ist auch gut so und dadurch kann sich jeder seine eigene aussuchen, welche ihm gerade passt. Hand aufs Herz, sollten Sie in diesen Berufen arbeiten, würden Sie Ihre Kinder überall mit gutem Gewissen hinschicken? Ich bin mir da nicht hundertprozentig sicher. In etlichen Gesprächen werden Stimmen laut, also überall bestimmt nicht. Es gibt einige, da ist es gut, bei anderen lieber nicht.

Für Sie als Eltern

Ich weiß natürlich nicht, welche Einstellung Sie haben und wie Sie durchs Leben gehen? Vielleicht gehören Sie zu denen, die stur ihren Weg gehen, ohne nach rechts oder links zu schauen. Kindergarten vor Ort, so wie alle Kinder und vielleicht auch in dem, welchen Sie bereits besucht haben. Schule genauso und Lehre möglichst unkompliziert und einfach, damit geht man einigen Problemen aus dem Weg. Vielleicht gehören Sie zu denen, die sich ein paar Gedanken mehr machen. Denn es gibt immer eine Auswahl an Möglichkeiten. Sei es die Wahl des Kindergartens, ob staatlich, konfessionell oder privat, mit den Schulen genauso. Machen Sie sich die Mühe, selbst wenn es bei Ihnen anders war. Überprüfen Sie genau, in welche Richtung es bei Ihren Kindern gehen soll.

Was soll das Theater

Die gehen in den Kindergarten oder in die Schule und fertig. Alles klar, die armen Kleinen haben ja überhaupt keine andere Wahl, sie werden es tun müssen, ob sie wollen oder nicht. Unter den Schäden werden wir erst später im Erwachsenenalter leiden. Dann können wir uns immer noch damit beschäftigen, daran arbeiten und über Monate, Jahre versuchen, es in die richtige, neue Richtung zu bringen, uns neu zu positionieren. Aber dieser Weg ist der weitaus schwerere.

Wir wollen keine Schuldigen suchen

Zum klaren Verständnis, das Buch soll nicht der Aufgabe dienen, Schuldige zu suchen, dann eine Alibi- und Opferstory aufzubauen, damit ist alles in Ordnung. Ganz im Gegenteil, das Buch dient der Aufklärung, des Wachwerdens, des sich damit Beschäftigens. Denn es geht nur um das Wertvollste im Leben, um ein Lebewesen, einen Menschen. Das darf man niemals außer Acht lassen, es wäre sträflich.

Für Sie als Erwachsener

Bitte jetzt nicht zurücklehnen, und all Ihren Erziehungsspezialisten die Schuld an Ihrer Jammerei und Ihren Lebensumständen geben. Hundertprozentig nicht, Sie sind ja volljährig, davon gehe ich aus. Damit sind Sie laut Gesetz handlungsbevollmächtigt, für sich verantwortlich, mit allen Rechten und Pflichten.

Analysieren Sie Ihre Lebenssituation

Ziehen Sie Bilanz, was haben Sie in Ihrem Leben erreicht und wo soll es mit Ihnen hingehen? Ohne

„Wenn und Aber“

irgendwelche komischen Geschichten. Klar, konkret, messbar und vor allem unmissverständlich muss das Ganze sein. Schauen Sie sich ruhig von allen Seiten an. Sind Sie sich selbst gegenüber in Ordnung? Sind Sie den anderen Menschen, Ihrem Umfeld gegenüber in Ordnung? Hier wird es für die meisten bereits schwieriger. Nach dem Motto

„Was interessieren mich die Anderen!“

Sie können es ändern

Ja, Sie haben es wirklich in Ihrer Hand, Sie können die Dinge ändern, wenn Sie dies möchten und bereit sind, endlich anzufangen. Wie oft haben Sie die Dinge auf einen späteren Zeitpunkt verschoben? Unzählige Male und es nimmt wahrlich kein Ende, finden Sie nicht auch? Vielleicht finden Sie auch gar nichts. Einige Leute sagen „Ich weiß gar nicht, was sie wollen, ich bin völlig in Ordnung.“ „Natürlich, das kann ich gut verstehen und ich will ja auch gar nichts von ihnen!“

Ich bewundere diese Selbstsicherheit

Ich bewundere es tatsächlich, wenn Menschen derart von sich überzeugt sind, dass sie absolut unfehlbar sind, sie sich nicht zu ändern haben. Sie sind vollkommen in Ordnung, die anderen sind das riesige Problem. Diese müssen sich endlich einmal ändern oder bessern, wie der Volksmund sagt. Natürlich bewundere ich solche Menschen nicht. Sie tun mir eher leid, mit solch einer verkrampften Lebenseinstellung, durch das großartige Leben zu marschieren. Psychosomatische Störungen lassen grüßen, das kann es doch nicht sein oder?

Wenn die Seele sich verhärtet

Dann dauert es nicht lange, dass der Geist und der Körper nachziehen. Menschen mit solch einer Einstellung, gehören auch zu denen, die sehr unter Verspannungen leiden. Dadurch klagen diese häufig über Migräne und massive Rückenprobleme. Sie verknöchern zusehends, das sehen wir bei der täglichen Arbeit in der Naturkosmetik-Schönheitsfarm. Es ist wie ein Teufelskreis, den es unbedingt zu durchbrechen gilt.

Was ist schlimm daran, wenn man sich hinterfragt

Es ist nicht schlimm, im Gegenteil es zeigt wahre Größe, einen starken Willen und ein Entwicklungspotenzial. Es ist die große Aufgabe jedes Einzelnen, sich permanent "Fort und Weiter" zu entwicklen. Sich ständig zu hinterfragen, ob man sich noch auf dem richtigen Weg befindet. Wer dies nicht tut, dem sei der Stillstand gewiss. Sie wissen doch

„Rückschritt = Stillstand!"

Schade, wie viele Menschen mit sich so umgehen. Der Mensch ist per se ein absoluter Hochkaräter, mit unendlich vielen Fähigkeiten. Er macht aber so wenig aus sich, nutzt diese mitgegebenen Fähigkeiten kaum. Man bewundert teilweise andere, die etwas bewegt haben, nur sich selbst sieht man nicht. Höchstens bedauernd oder sogar neidisch, dass es andere gepackt haben und man nicht. Schade, obwohl das Potenzial tatsächlich vorhanden wäre.

Das Leben ist ungerecht

Kennen Sie diese Aussage? Hundertprozentig, vielleicht gehören Sie sogar zu denen, die den Spruch gerne in den Mund nehmen. Alles ist so ungerecht und man selbst zählt natürlich zu den Opfern. Es ist weiters auch keine Kunst, sich da schnell einzugruppieren. Das ist doch Wahnsinn, wenn man dies tut. Machen Sie sich darüber einmal Ihre Gedanken.

Das Leben ist das, was wir daraus machen

Lesen Sie diesen Satz nochmals langsam durch. Halten Sie kurz inne und fragen Sie sich sofort, was Sie aus Ihrem Leben alles gemacht und nicht gemacht haben. Merken Sie, was gerade in diesem Moment geschehen ist? Da wette ich mit Ihnen, 1.000%-ig kam unverzüglich die innere Botschaft „Ja, aber.................!“ Schon wieder haben wir eine dieser berühmten „Ja-aber Geschichten!“

Das ist traurig

Ja, es ist wirklich unendlich traurig, wie weit es wir Menschen gebracht haben. Wir sind von Natur aus mit allem, was nötig ist, um eine großartige Meisterleistung zu vollziehen, ausgestattet worden. Was tun wir? Wie sagte Einstein passend, er könne es nicht verstehen, dass fast alle mit nur 5-10% ihres Potenziales leben. Ist das nicht fatal? Ich habe häufig das Gefühl, dass es noch weitaus weniger ist, weshalb nur?

Weil man Ihnen die Flügel gestutzt hat

Sie sind ein Adler und man hat Ihnen das Leben eines Huhnes beigebracht, Ihnen gesagt, wie klein und dumm Sie sind. Man ist jammernd und klagend als Oberhuhn vorausgegangen und Sie pickend hinterher. Im Laufe von vielen Jahren haben Sie es völlig verlernt, man hat es Ihnen nie beigebracht, nie gesagt, wie großartig und toll Sie sind, hat Sie bewusst klein gehalten. Denn kleine und dumme Menschen sind natürlich leichter zu manipulieren und dadurch bleiben sie für ihr Umfeld berechenbar. Irgendwann haben Sie es geglaubt, ein Huhn zu sein. Ab und an schauten Sie nach oben und sagten „Es wäre ja schon schön, wenn ich fliegen könnte, aber...............! Wie schade, dass ich ein Huhn bin!" Wenn Sie das Thema interessiert, lesen Sie einfach mein hochinteressantes und spannendes Buch „Bist du ein Huhn oder ein Adler?"

Das Leben ist das, was wir daraus machen

Nicht mehr und nicht weniger. Ich wiederhole mich des Öfteren, denn in der Wiederholung liegt bekanntlich die Kraft. Sie haben alles in sich vereint, außer Sie sind sehr krank und können Ihren Geist nicht mehr entsprechend einsetzen. Da hätten Sie andere Eigenschaften und Qualitäten, ich glaube das jedoch nicht. Ich denke Sie sind im Vollbesitz Ihrer gesamten Kräfte. Also nochmals, das Leben ist nicht ungerecht, es ist schlussendlich nur das, was wir daraus machen. Wir haben es in unseren eigenen Händen, ob wir Erfolg haben werden oder nicht.

Frage ist, wo wollen Sie hin

Wo wollen Sie hin, was wollen Sie alles in Ihrem Leben erreichen? Was den meisten fehlt, ist ein klarer Masterplan. Auf deutsch, der große Lebensplan, nach dem man sich richtet und Tag für Tag intensiv daran arbeitet, bis man sein Ziel erreicht hat. Viele gehen ohne klare und konkrete Ziele ins Rennen und sind erstaunt, dass sie irgendwo herauskommen, nur nicht da, wo man eventuell hin wollte. Siehe hierzu ältere Menschen, die sagen „Ich habe mir alles ein wenig anders vorgestellt, wenn ich das alles gewusst hätte." Ja vorgestellt und dabei vergessen, intensiv und permanent Tag für Tag an der Erfüllung zu arbeiten.

Das ist natürlich kein leichter Weg

Sie müssen Tag für Tag Ihre Schwerkraft überwinden, sich immer wieder auf den Weg machen. Viele Stolpersteine warten auf Sie. Sie fallen öfters hin und dann heißt es einmal mehr aufstehen, als man hingefallen ist. Weiter, weiter und nochmals weiter. Ohne nach rechts und links zu schauen, so lange, bis man endlich an seinem großartigen Ziel angekommen ist. Das kann oft Jahre oder Jahrzehnte dauern. Da benötigt man ein immenses Durchhaltevermögen. Das ist leider der Mehrheit der Menschen zu mühsam. Man geht den Weg des geringsten Widerstandes. Und dann, ja dann erschrickt man sich, dass man ganz woanders angekommen ist, als man wollte.

Über was man alles jammern kann

Die Palette ist dermaßen gigantisch und die Menschheit sehr erfinderisch. Es ist für mich unglaublich, was man alles beklagen kann. Ich denke häufig, wenn diese Leute die Jammerenergie, welche dabei verschwendet wird, für etwas Positives verwenden würden, wäre das traumhaft. Dies wären ja fast paradiesische Zustände hier auf Erden. Nur davon sind wir noch sehr sehr weit entfernt.

Nun starten wir mit der großen Aufgabe

Es ist in der Tat eine riesengroße Aufgabe, jetzt möglichst viele Jammereien kurz anzusprechen. Über diese Punkte wird ohne Ende gejammert. Wobei ich keine Garantie auf Vollständigkeit geben kann. Ich bin mir hundertprozentig sicher, dass Ihnen noch zig weitere Punkte einfallen werden. Also lassen Sie uns gemeinsam damit starten.

- Arbeit
- Auto
- Elternhaus
- Essen
- Freunde
- Gesundheit
- Kinder
- Nachbarn
- Partner
- Sex
- Steuern
- Urlaub
- Wetter
- Wohnung

Jammern wegen der Arbeit

Ich kenne nur wenige Menschen, die wirklich glücklich bei ihrer Arbeit sind. Jedoch viele, die immer etwas zu beklagen haben. Denen nichts passt, die über alles permanent am Schimpfen sind. Das ist der reine Wahnsinn, was hier abgeht. Im Schnitt verbringt ein normaler Mensch über 40 Jahre auf der Arbeit. Da sollte man schauen, dass das Richtige gefunden wird, einem die Arbeit Spaß macht und man gerne hingeht.

Die Arbeit kotzt mich an

Kennen Sie diese Redensart? Sicherlich haben Sie diese schon gehört oder selbst in den Mund genommen. Es ist ja nicht gerade eine gute Ausdrucksform. Es gibt nettere Redensarten, aber auch noch weitaus schlimmere. Wichtig ist dabei zu überprüfen, wieso die Arbeit keinen Spaß macht. Dies herauszufinden, ist ein großer Schritt zur Änderung. Hierzu gleich einige Fragen, die Sie bitte sofort ehrlich beantworten sollten. Schieben Sie nichts auf die lange Bank. Sie kennen es bestimmt, was man nicht unverzüglich erledigt, wird meistens nichts, geht unter. Der gute Spruch, ich mache es später, wenn ich Zeit habe, ist reiner Blödsinn, das klappt nie und nimmer.

Wieso macht Ihnen die Arbeit keinen Spaß

Was ist es genau, was Ihnen nicht gefällt? Bitte seien Sie ehrlich, das ist notwendig, damit Sie den Handlungsbedarf erkennen.

- Ist es der Chef?
- Sind es die Kollegen?
- Sind es die Kunden?
- Ist es die Arbeit an sich?
- Ist es die Arbeitsstätte?

- Ist es die Fahrt zur Arbeit?
- Ist es die Bezahlung?
- Ist es die Zukunftsperspektive?
- Was würden Sie lieber tun?
- Was hindert Sie daran?

Der Chef

Nun denn, da werden Sie nicht viel ausrichten können. Denn dass der Chef vor Ihnen geht, ist eher unwahrscheinlich. Zumal, wenn es sich noch um einen Inhaber geführten Betrieb handelt. Sie werden keinen Chef ändern, haben aber insofern recht, dass es nur wenig gute Chefs gibt. Die meisten haben das Prädikat Chef nicht verdient. Denn als Chef wird man nicht geboren, das muss man erlernen. Dazu gehört, dass man als Boss regelmäßig in die sogegenannte Chefschule geht, um die wichtigen Dinge zu erlernen, selbstverständlich auch den Umgang mit Menschen. Dieser ist sehr wichtig für ein gutes Arbeitsklima.

Nur lehnen dies die meisten Chefs natürlich ab. Sind sogar empört, wenn man ihnen den Vorschlag unterbreitet. Schließlich gehören Chefs ja zu denen, die bereits alles wissen und können, fehlerlos sind. Genauso sollten die Chefs nicht nur sich schulen lassen, sondern unbedingt auch ihr Team. Denn nur mit einem super Team kann man zum anhaltenden Erfolg gelangen. Dies regelmäßig und nicht mit einem Wohlwollen ein Mal pro Jahr, das bewirkt weniger als nichts.

Ihre Lösung

Bestimmt nicht jammern, denn Sie schaden sich dadurch am meisten. Abgesehen davon, dass es für die anderen lästig und von Übel ist. Auch wenn die meisten Ihrer Kollegen höchst wahrscheinlich das gleiche Lied singen. Aber was bringt das? Es gibt zwei Dinge, entweder Sie finden Ihren Frieden, lernen damit umzugehen oder Sie gehen. Das sind die einzigen zwei praktikablen

Lösungen. Alles andere ist reine Zeitverschwendung. Warten wir einmal ab, vielleicht sind es ja noch weitere Dinge, welche Sie nerven.

Die Kollegen

Ein weiteres nettes Kapitel. Kollegen werden kommen und gehen. Mit einigen versteht man sich gut, mit anderen weniger oder gar nicht. Frage ist dabei, wie eng muss man mit diesen zusammenarbeiten. Wenn manche Dinge nur im Team zu bewältigen sind, wird es schon schwerer. Man kann sich die Kollegen nicht aussuchen, sie sind bereits in der Firma oder es kommen neue dazu.

Ihre Lösung

Sie können wie einige permanent die Firmen wechseln. Wissen Sie, was passieren wird? Am Anfang mag es nett sein, aber im Laufe der Zeit entdecken Sie wieder einige Kollegen, die Sie nicht mögen, folglich heißt es erneut wechseln. Das ist sicherlich nicht die Lösung. Der erste Schritt, ist eine gewisse Nonchalance an den Tag zu legen. Es gibt Punkte, die kann man ändern, andere nicht. Das Einzige, was man gleich ändern kann, ist die eigene, innere Einstellung. Da haben wir vollends Einfluss darauf. Darüber Näheres in weiteren Kapiteln.

Die Kunden

Wenn wir unsere Kunden aussuchen dürften, das wäre traumhaft. Egal, in welcher Position man sich befindet, es gibt immer sehr nette Menschen, mit denen man es gerne zu tun hat, und die andere Gruppe, welche man nicht so mag. Aber egal, was Sie arbeiten werden, es wird immer etwas sein, eine Person geben, die Ihnen nicht liegt, das kann nicht vermieden werden. Denn Sie haben es prinzipiell mit Menschen zu tun.

Ihre Lösung

Lernen, lernen und nochmals lernen, damit umzugehen. Normalerweise ist es Aufgabe des Chefs, Sie zu schulen oder Ihnen eine Plattform zu bieten, wo Sie regelmäßig geschult werden. Sprechen Sie Ihren Chef darauf an. Wenn Sie Glück haben, werden Sie auf ein positives Feedback stoßen. Wie bereits erwähnt, gehöre ich ja zu den absoluten Positivis, aber in diesen Fällen sehe ich eher schwarz. Sollten Sie also auf Ablehnung stoßen, ist es Zeit für Sie, langsam aber sicher nach neuen Pfründen Ausschau zu halten. Auch wenn sich gerade jetzt, wo Sie das lesen, vielleicht bereits Opposition aus Ihrem Inneren meldet. Von wegen, das ist doch gar nicht so leicht, dies ist im Moment nicht das Thema. Wir wollen jetzt primär nach Lösungen suchen und dann tauchen wir erst in die Tiefe ein, suchen nach der endgültigen Lösung.

Die Arbeit

„Ach wissen sie, die Arbeit widert mich an, macht mir überhaupt keinen Spaß!“ Nun, das ist eine klare Aussage. Das gibt es schon, kann ich sehr gut nachvollziehen. Denn ich hatte am Anfang meiner Berufslaufbahn auch einige Dinge, die mir nicht gepasst haben. Folglich heißt das Thema klar und deutlich wechseln.

Ihre Lösung

Wenn man keine Freude an der Arbeit hat, wie soll sich das denn ändern? Da nützen keine Schulungen, keine guten Worte, oder wie manche Eltern ihren Kindern mitgeben „Du musst dich halt zusammenreißen!“ Was für ein Schwachsinn, wie soll denn das gehen? Da kannst du ja nur krank werden, mit dieser üblen Einstellung. Also suche nach einer anderen Arbeit und höre endlich auf zu jammern, okay?

Die Arbeitsstätte

Wenn Ihnen der Arbeitsplatz nicht gefällt, können Sie nichts ändern oder nur schauen, dass Sie eventuell versetzt werden, falls die Firma groß genug ist. Hier einige Beispiele, Sie sind Gärtner und arbeiten nicht gerne im Freien, weil die Sonne scheint, oder es regnet. Sie arbeiten gerne im Freien, lieben die Natur und arbeiten irgendwo in einem Kaufhaus ohne Tageslicht. Wenn Sie gegen Ihre "innere Uhr" arbeiten und das womöglich noch die nächsten Jahre, je nach Alter Jahrzehnte, werden Sie sich tatsächlich langsam aber sicher zermürben und daran kaputt gehen. Schlimmstenfalls, werden Sie krank werden.

Ihre Lösung

Hier gibt es nur eines, es ist Zeit zu neuen Ufern aufzubrechen. Auch wenn das teilweise mit Angst und Unsicherheit verbunden ist. Sie haben nur zwei Möglichkeiten, entweder Sie gehen oder zerbrechen daran.

Die Fahrt

Manche haben eine recht lange Anfahrt. Das kann ganz lustig sein oder genau das Gegenteil davon. Für mich war es immer wichtig, keine langen Anfahrtswege zu haben. Denn ich mag keine Anfahrt, das würde für mich bedeuten, ich müsste früher aufstehen und dies würde meine Lebensqualität enorm schmälern. Deswegen habe ich immer geschaut, in der Nähe einen Arbeitsplatz zu bekommen. Seit ich selbstständig bin, das schon über dreißig Jahre, wohne und arbeite ich immer unter einem Dach. Andere wiederum lieben es in aller Ruhe mit dem Zug, dem Auto oder der Straßenbahn an den Arbeitsplatz zu gelangen.

Ihre Lösung

Auch hier sollten Sie ehrlich sein. Wenn es Sie Tag für Tag belastet, müssen Sie es ändern. Denn man kann sich an so etwas niemals gewöhnen. Auch wenn das die meisten Leute von sich behaupten. Alternativ: Überlegen Sie, wie Sie die Fahrtzeit am besten sinnvoll nutzen können. Lesen Sie idealerweise etwas, was Sie weiter bringt. Wenn Sie im Auto fahren, hören Sie Hörbücher, und auch hier am besten etwas, was Sie motiviert und in der Weiterentwicklung unterstützt.

Die Bezahlung

Oh je, oh je, das ist wohl mit einer der Hauptgründe, wieso es vielen keinen richtigen Spaß bereitet. Die Mehrzahl der Menschen fühlt sich für die geleistete Arbeit unterbezahlt, was wird da geschimpft und gejammert. Von wegen der Alte verdient einen Haufen Kohle und man selbst muss für fast nichts arbeiten. Das ist ein unerschöpfliches Thema, wo es sich fast lohnen würde, ein Buch darüber zu schreiben.

Ihre Lösung

Wieso glauben Sie, dass Sie unterbezahlt sind? Machen Sie sich darüber ernsthaft Gedanken. Denn es könnte ja tatsächlich sein, dass Sie ein Hochkaräter sind, und keiner hat es bisher bemerkt. Wenn dies der Fall sein sollte, müssen Sie natürlich bald mit Ihrem Vorgesetzten sprechen, damit da endlich eine Änderung herbeigeführt wird. Sie sollten sich aber hundertprozentig sicher sein. Was können Sie besser, schneller, professioneller als die anderen Kollegen? Gibt es einen Bereich, wo Sie tatsächlich unentbehrlich sind?

Oder gehören Sie zu der großen Masse, die nur Dienst nach Vorschrift macht? Diese Fragen, auch wenn sie Ihnen wehtun sollten, können Sie nur für sich alleine beantworten, das kann Ihnen keiner abnehmen. Meistens herrscht beim Lohn zu viel Emotionalität und zu wenig Sachlichkeit. Man lässt sich leicht anstecken und schimpft über den Lohn, wie fast alle, ohne jedoch zu überprüfen, ob man vielleicht nicht genug leistet. Sie können letztlich nur mehr verdienen, wenn Sie mehr Leistung und Ertrag erbringen. Denn woher soll das Geld sonst kommen? Viele Arbeitnehmer halten immer noch brutto für netto, dem ist aber leider nicht so.

Ihre Lösung

Sollten Sie bei Ihrer Analyse wirklich zum Schluss kommen, dass Sie mehr verdient haben, reell, sprechen Sie mit Ihrem Chef, vielleicht klappt es ja. Zusätzlich prüfen Sie Ihren „Marktwert." Bewerben Sie sich auf andere Stellen. Es könnte aber auch sein, dass Sie sich eine Branche ausgesucht haben, in der prinzipiell nicht so gut gezahlt wird. Dann bleiben Ihnen zwei Dinge übrig, entweder Sie finden sich damit ab oder wechseln gänzlich den Beruf.

Die Zukunftsperspektive

Es gibt Berufe, deren Zeit ist abgelaufen, da besteht kein Bedarf mehr und das wird auch nie wieder kommen. Weil die neuesten Technologien eine große Veränderung gebracht haben oder manches nicht mehr benötigt wird, das ist der Lauf der Zeit. Damit muss man sich abfinden und neue Wege gehen.

Ihre Lösung

Da gibt es nur eine Lösung, dass Sie umschulen, bereit sind, neue Dinge zu erlernen und diese mit Begeisterung ins Leben hineingeben, um entsprechend zu ernten.

Was würden Sie lieber tun

Hier höre ich häufig „Tja, wenn ich das wüsste!" Oh Mann oder Frau, so könnt ihr doch nicht durchs Leben gehen. Wer soll es dann wissen, wenn nicht ihr? „Das weiß ich auch nicht!" Alles klar, also gehört ihr auch zu der großen Masse, die nichts weiß und auf ein Wunder wartet. Nur Wunder geschehen relativ selten. Eines fällt den meisten dann doch noch, mit einem Lachen auf den Lippen ein, wie schön es wäre, Geld zu verdienen, ohne dafür etwas tun zu müssen.

Nun denn, das Paradies haben wir schon längstens verlassen, wir leben hier auf Erden. Wir gehören nach wie vor zu denen, die für ihr Leben etwas tun müssen, zumindest die meisten. Setzen Sie sich wirklich ernsthaft hin und gehen Sie wie die alten Lateiner sagten, in medias res. In Ihre Mitte, und arbeiten Sie daran, was Sie wirklich möchten und was niemals wieder. Hören Sie einfach auf zu jammern. Das ist weder ein Sport, noch besonders lustig. Es ist für alle Beteiligten ätzend, Sie dabei inkludiert.

Was hindert Sie daran

Jetzt geht es meistens mit Alibi-Gechichten los. Es gibt eine Menge von Punkten, die hindern. Da gibt es die tollsten Glaubenssätze, von wegen man muss doch heutzutage überhaupt froh sein, eine Arbeit zu haben und vieles mehr. Nett, sehr nett, natürlich muss man froh sein, doch um welchen Preis? Suchen Sie nach Lösungen, lassen Sie sich helfen und Sie werden das Passende für sich finden. Wie heißt es so schön, was sollte der Beruf sein? Richtig, der Beruf sollte eine Berufung und nicht eine Qual sein. Er sollte Freude und Spaß bereiten, es muss ein zweites Zuhause sein. Also machen Sie sich endlich auf den Weg. Die Zeiten werden nicht besser, wie manch einer behauptet. Das Einzige, was geschieht, Sie werden älter und frustrierter. Also packen Sie es an, wann, natürlich heute noch.

Jammern wegen dem Auto

Das tun fast nur Männer, dies ist ihre Domäne. Da fühlen sich einige total unglücklich mit ihrem Auto. Wehe jemand anderes fährt ein Größeres, da platzt man fast vor Neid. Hier wird oft über die Verhältnisse gelebt, ein immens hoher Kredit aufgenommen. Oder man versucht dem anderen sein Auto schlecht zu machen.

Meistens ist das Auto zu klein

Nun denn, es gibt ja auch Größere bis hin zu Boliden und Limousinen. Es gibt für jeden Geldbeutel ein passendes Auto. Weshalb muss man da jammern?

Was wollen Sie für ein Auto

Erstaunlicherweise wissen die Männer das sehr genau. Dies sind die Momente, wo es hundertprozentig passt. Nur hört auf zu jammern, wenn eure Kiste zu klein oder zu langsam ist. Da muss man einfach etwas tun, damit man sich ein größeres und stärkeres Auto leisten kann.

Einsatz ist gefragt

Schöne Dinge kosten manchmal eben doch etwas mehr. Aber von nichts kommt nichts. Also heißt die Devise ganz klar, was kann ich zu meinen Einnahmen zusätzlich tun, damit diese sich erhöhen? Wer mehr möchte, muss ein wenig mehr leisten, als all die anderen.

Die Bonzen fahren große Autos

Das ist sowieso alles nur erlogen und ergaunert. So die weitläufige Meinung von den meisten. Welch fatale und letztlich absurde Einstellung. Neid ist doch die schlimmste Krankheit und schadet dem Neider selbst. Anstatt sich diesem hinzugeben und sich darin zu laben, nutzt man besser die Energie für Lösungen, um aus der Situation herauszukommen.

Packen Sie es an

Auch wenn Sie es im Moment völlig absurd finden und vielleicht glauben, da nie hinzukommen. Sie können es schaffen, wenn Sie dran bleiben. Das ist die Grundvoraussetzung, der feste Glaube und dazu der Wille, es solange auszuhalten und dranzubleiben.

Ich hatte den festen Glauben und den Wunsch

Mich haben schöne und große Autos seit meiner Kindheit fasziniert. Mein Problem war jedoch damals, dass meine Geldbörse von diesen Autos so weit entfernt war, wie die Erde zum Mars. Angefangen hatte ich zu Beginn mit kleinen Autos. Fasziniert hatte mich aber immer der große Audi. Eines Tages war es endlich soweit und ich bin den größten Audi 200 quattro gefahren. Was für ein tolles und großartiges Feeling. Es war klasse und berauschend, ich war endlich am Ziel meiner Träume.

Es muss kein neues Auto sein

Das ist eine Fata Morgana, von den Leuten. Für sie beginnt ein Auto dann, wenn es neu ist, eine Erstzulassung. Ein gebrauchtes Auto ist ein Ding der Unmöglichkeit. Das ist schade, wenn man solch eine Einstellung hat, auch unnötig. Es gibt tolle Gebrauchtwagen oder sogar Jahreswagen, mit einem riesigen Abschlag, vor allem bei den Großen.

Kreativität ist gefragt

Etlichen Menschen fehlt jegliche Kreativität. Anstatt zu jammen und sich zu beklagen, träumen sie lieber von einem schönen, großen Auto, von ihrem Traumauto. Glauben Sie fest daran, arbeiten Sie intensiv und Sie werden es schaffen. Eines Tages ist es für Sie eine absolute Selbstverständlichkeit, sich in der Liga der großen Autos zu bewegen.

Sie benötigen jedoch Geduld und Durchhaltevermögen

Mein nächster Traum war damals einen Audi A8 fahren zu können. Doch dafür reichte meine Geldbörse wieder nicht. Durch permanenten überdurchschnittlichen Einsatz und Erfolgswillen bin ich das Auto viele Jahre gefahren. Zum Schluss die Krönung, den A8 als 12 Zylinder. Ich kann Ihnen sagen, ein absoluter Traum, das Höchste des automobilen Kunstbaus, einmalig und super. Jetzt fahre ich den Phaeton 5,0 l Diesel in Langversion, mit kompletter Ausstattung.

Ich erzähle Ihnen das nicht, um anzugeben, sondern um Ihnen aufzuzeigen, dass man es schaffen kann. Wenn man dran bleibt, genügend Biss hat und sich vor allem von niemandem beirren lässt. Das ist das Schlimmste, was man tun kann. Denn es gibt auf dem Weg dahin genügend Spezialisten die meinen, dass dies alles unnötig ist. Wenn Sie tatsächlich ein großes Auto möchten, lassen Sie diese Leute links liegen, diese sind doch nur neidisch.

Packen Sie es an

Bleiben Sie dran, bleiben Sie wirklich dran und Sie werden es schaffen. Nicht aus der heutigen Sicht, bestimmt auch nicht mit der heutigen Arbeit, denn sonst hätten Sie sich solch ein Fahrzeug längstens geleistet. Es ist nicht die Frage, wie es zurzeit ist, es ist die Frage, wie es wird und wo möchten Sie hin.

Jammern wegen dem Elternhaus

Das ist auch ein beliebter Sport. Da wird gerne in alle Richtungen gejammert. Es gibt wenige, die mit ihrem Elternhaus zufrieden sind. Manches war gut, anderes nicht. Wir haben bereits eingehend darüber gesprochen. Aber ändern können wir im Nachhinein leider nichts mehr.

Womit sind wir nicht zufrieden

Das ist die nächste Frage, was gefällt uns nicht, belastet und welche Dinge finden wir sogar unmöglich? Auch da gilt es in die berühmte Schriftlichkeit zu gehen. Wenn wir es schwarz auf weiß haben, also schriftlich vor Augen, können wir gezielter damit umgehen.

Jammern über die Eltern nützt nichts

Diese werden sich dadurch nicht ändern, schreiben Sie auf, was gut war. Wo Sie Ihr Elternhaus unter keinen Umständen missen möchten. Dann geht es an die große Arbeit der Lösungen. Da Sie die Eltern nicht mehr ändern werden, haben Sie zwei Möglichkeiten. Entweder Sie akzeptieren die Dinge, wie sie sind oder Sie müssen sich zurückziehen.

Manche Eltern kennen keine Limits

Das Problem für Eltern ist immer unabhängig, wie alt Sie sind, Sie bleiben das kleine Kind, welches man schützen und manipulieren muss. Dem man ein Leben lang seine Meinung aufzwängt. Wie eine Glucke bewachen einige Mütter vor allem ihre Töchter. Das Fatale daran ist, die Kinder machen das Spiel mit und sind dann wieder zornig und wütend, wenn die Eltern sich zu sehr in ihr Leben einmischen.

Der Abnabelungsprozess findet oft nicht statt

Das ist fatal und dumm, Eltern nabeln nicht ab, lassen ihre Kinder nicht gehen und die Kinder vollziehen es auch nicht. Das ergibt eine besondere Symbiose, die Brisanz in sich enthält. Alles andere als lustig, Eltern, die zeitlebens nicht mit ihren Erziehungsmethoden aufhören, das führt zu bösen Streitereien.

Nicht jammern, sondern klare Grenzen setzen

Es ist die einzige Chance, die Sie haben und die Sie auch durchziehen müssen. Es bleibt Ihnen nichts anderes übrig, als Ihren Eltern klar die Grenzen zu zeigen. Hier höre ich oft „Das kann man doch nicht machen!“ Nun denn, wenn Sie diesen Glaubenssatz Ihr eigen nennen, müssen Sie damit leben und es endlich akzeptieren. Das ist wichtig und vor allem entscheidend.

Sonst bleiben Sie ein Leben lang unglücklich

Ich finde es schrecklich, wenn ich manche Situationen aus unserem Kundenkreis anschaue. Da ist die 70-jährige Tochter, die sich nach wie vor von der eigenen Mutter, die mittlerweile 93 Jahre alt ist, permanent drangsalieren lässt. Die Tochter leidet, beklagt diese schreckliche und belastende Situation, aber ändern tut sie lieber nichts.

Es liegt in Ihrer Hand

Sie sind das Entscheidende, nicht Ihre Eltern. Sie bestimmen, wie weit Sie Ihre Eltern auf Ihr Gelände lassen und wo Stopp ist. Ich kenne dies zur Genüge aus eigener Erfahrung. Wenn man den Eltern nicht klar die Grenzen zeigt, gibt es für diese keine Limits. Sie werden sich überall einmischen und nie Ruhe geben. Wenn ich dabei an mein armes Schwesterchen denke, die es nicht hinbekommt, die Nabelschnur mit fast 50 Jahren zur Mutter zu durchtrennen, das ist fatal. Deswegen gingen schon einige Partnerschaften von ihr zu Bruch.

Eltern mischen sich in alles ein

Schlimm wird es, wenn es unter dem Deckmäntelchen geschieht „Ich meine es nur gut mit dir. Ich will mich nicht einmischen, du musst wissen, was du tust. Ich würde jedoch an deiner Stelle.......!“ Kommt Ihnen das bekannt vor? Spätestens bei der Aussage „Ich meine es nur gut mit dir“ sollten bei Ihnen alle Alarmglocken läuten. Da müssen Sie sofort höchste Vorsicht walten lassen. Die Aussage lautet in Wirklichkeit „Ich meine es nur gut mit mir!“ Denn wenn du dich veränderst, wird es für mich unbequem. Das ist die Botschaft, welche dahinter steckt. Darauf angesprochen wird dies natürlich vehement verneint, dass dem keinesfalls so wäre.

Meine Eltern haben kein Geld

Auch ein gerne angewendetes Jammern. Tja, was wollen Sie jetzt tun? Ihre Eltern haben zu wenig Geld, da werden Sie nicht viel ausrichten können. Das Einzige, wo Sie ansetzen können, ist Sorge zu tragen, dass Sie es besser machen. Aber wenn Sie weiterhin jammern, raubt das Energie, die Ihnen fehlt, endlich aus den alten Pfaden herauszutreten und neue Wege einzuschlagen. Sich weiter zu bilden und darauf achten, dass Sie viel Geld verdienen. Dann können Sie ja Ihre Eltern daran partizipieren lassen. Das ist doch eine befriedigende Lösung, finden Sie nicht auch?

Meine Eltern haben kein Haus

Dann machen Sie es doch besser. „Wenn ich da meine Freundin sehe, da hat der Vater ihr ein Haus hingestellt!“ Das ist doch wunderbar und ist Ihre Freundin glücklicher dadurch? Geht es ihr gut? Hat sie ihr Leben im Griff? Ich denke auch Ihre Freundin hat einiges zu beklagen. Ich kenne Kinder, die haben alles von ihren Eltern erhalten. Angefangen von Top-Klamotten, Auto, Reisen und ein Haus, die sind genauso unglücklich. Natürlich gibt es auch welche, die zufrieden sind, wie überall im menschlichen Dasein. Also hören Sie auf sich zu beklagen, geben Sie Vollgas und achten Sie darauf, dass Sie ein Haus kaufen oder bauen können.

Dadurch haben Sie den großen Vorteil, dass Sie nie Danke sagen müssen. Wie schrecklich, wenn man ein Leben lang zu äußerster Dankbarkeit verpflichtet ist und es womöglich noch bei einer Streiterei aufs Butterbrot geschmiert bekommt. Das ist nicht lustig, finden Sie nicht auch?

Es gibt noch mehr zu bejammern

Nun hören Sie auf, hören Sie wirklich auf zu jammern. Seien Sie Ihren Eltern dankbar, dass sie Ihnen das Leben geschenkt haben, Sie bis zum Anfang Ihres Berufslebens unterstützten. Wenn Ihre Eltern alt sind und Hilfe benötigen, tun Sie dies. Jedoch niemals bis zur reinen Selbstaufgabe. Nie und nimmer, denn Sie haben das Anrecht auf ein selbstständiges und von den Eltern unabhängiges Leben.

Lösen Sie sich

Lösen Sie sich unbedingt, durchtrennen Sie die Nabelschnur, denn sonst verlieren Sie das Kostbarste, was Sie haben, Ihr Leben. Wie manche Eltern klammern, ist nicht normal. Es ist schrecklich und vor allem Töchter sind die Leidtragenden. Siehe hierzu das Buch „Mütter und ihre Töchter!" Oh je, oh je, was da abgeht. Es ist der Horror vor allem für die Mädels, diese spüren das manchmal und setzen sich zur Wehr. Schon setzt die Mama eine ganze Batterie an Jammerattacken in Bewegung, damit das Töchterchen wieder gefügig wird. Eine Dramatik, welche sich hier abspielt.

Eines Tages ist die Mama nicht mehr da und die Tochter kann sehen, wo sie bleibt. Oft sogar ohne Partner, denn die über alles geliebte Mutter hat es meist fertiggebracht, einen Keil dazwischen zu schieben. Permanent über den Partner der Tochter geschimpft, das hält keine Beziehung lange aus. Sehr zur Zufriedenheit der Mutter, denn diese kann und will keinen Rivalen neben sich dulden. Sie möchte ihre Tochter für sich alleine haben.

Nicht jammern, sondern Klarheit schaffen

Das ist die Botschaft an Sie. Denn durch Jammern löst sich nichts, im Gegenteil, es wird noch weitaus schlimmer. Sie müssen ins Handeln kommen, sofort. Wenn nicht jetzt, wann dann? Warten Sie keine Minute länger, denn es wird nur noch schlimmer. Die Macht der Gewohnheit, verbunden mit dem schlechten Gewissen, lässt einen unverzüglich wieder ins alte Fahrwasser kommen. Sie wird Sie klein halten und der für mich größte und zugleich absurdeste Glaubenssatz lautet

„Das kann man doch nicht machen!"

Dieser wird von Ihrem Leben erneut Besitz ergreifen. Ist das nicht fatal?

Jammern wegen dem Essen

Darüber wird sehr häufig lamentiert. Wieso denn, das ist doch undankbar. Ein Großteil der Erdbevölkerung würde gerne mit Ihnen tauschen. Denn diese wissen morgens, wenn sie aufstehen noch nicht, ob sie bis abends etwas zu Essen gefunden haben und Sie sind wieder am Jammern. Finden Sie das in Ordnung? Wir haben doch Nahrungs- und Lebensmittel im Überfluss, werfen diese sogar bei dem kleinsten Zweifel, ob sie noch frisch sind, in die Mülltonne.

Permanent die gleiche Story

Der Mensch ist manchmal etwas komisch. Es gibt Leute, die gehen immer in dasselbe Lokal. Macht der Gewohnheit und jammern jedes Mal über das Essen. Wie inkonsequent und letztlich lächerlich, da keine Abhilfe zu schaffen. Wenn ich irgendwo essen gehe und es mir nicht schmeckt, war es das für mich. Außer das Lokal, das Ambiente und die Bedienung waren so top, dann versuche ich es erneut. Aber wenn es wieder nicht in Ordnung ist, ziehe ich klar und deutlich meine Konsequenzen.

Wenn etwas nicht schmeckt, lasse ich es

Ganz einfach und doch für die meisten zu kompliziert. Ich finde es wirklich fatal, dass man Dinge isst, die einem überhaupt nicht schmecken. Das bekommt Ihnen nicht, im Gegenteil es belastet unnötig den Magen, verursacht manchmal sogar Übelkeit und kostet noch Ihr Geld.

Streitgespräche beim Essen

Kennen Sie das? Bestimmt, denn dies wird gerne gemacht. Man sitzt am Anfang gemütlich zusammen, isst und dann geht es langsam los. Die ersten Bemerkungen fallen, kleine Spitzen und verbale Gemeinheiten. Die Lage spitzt sich zusehends zu, die meisten schlucken lieber des lieben Friedens willen, das ist Ihnen sicherlich bekannt. Papa teilt aus, Mutti versucht zu beschwichtigen „Ist doch alles nicht so schlimm. Du weißt doch, wie der Vater ist!“ Sie machen munter weiter. Fatal, Sie schlucken den Müll und können danach sehen, wie Sie damit klarkommen.

Stehen Sie auf und gehen Sie

Ich weiß, Ihr Inneres hat schon wieder gesagt „Das kann man doch nicht machen!“ Das Thema der üblen Glaubenssätze und deren Umwandlung ins Lebensbejahende und Positive, das werden wir in einem späteren Kapitel durchgehen. Nun, wenn Sie nicht aufstehen und gehen können, müssen Sie es halt immer wieder mitmachen, erdulden, leiden, Wunden lecken und allseits beklagen. Wie kindisch, finden Sie nicht auch? Vielleicht sind Sie ja doch ein wenig masochistisch veranlagt. Dann ist es selbstverständlich eine total andere Nummer.

Ich brauche es nicht mehr

Ich habe mich jahrelang mit solchen Dingen gequält, fortlaufend. Meine Geduld in Bezug auf Dummheit und Ignoranz, war sprichwörtlich. Irgendwann hat es mir dann gereicht, voll und ganz gereicht. Denn manches muss ich mir als Erwachsener nicht mehr geben. Ab und zu habe ich noch einen kleinen Rückfall, weil ich letztlich ein hoffnungsvoller Idealist bin, es könnte sich ja geändert haben. Aber es hat sich nichts geändert und es ist genau das eingetreten, dass sich bei den meisten Menschen nichts ändert. Wozu denn auch, diese fühlen sich völlig im Recht.

In der Konsequenz taucht die Frage auf, ob das richtig ist

Wir haben endlich eine Entscheidung gefällt, ziehen diese durch und sind bereits schon wieder am Zweifeln, ob diese richtig ist. Dann werden wir erneut schwach, leiden und das Spiel geht von vorne los, wird schnell zur NeverEnding Story. Eines kann ich Ihnen sagen, wenn Sie lange genug gelitten haben, vielleicht, ja vielleicht reicht es dann auch Ihnen. Vielleicht kommt bei Ihnen dann der sogenannte

„Point of no Return“

der Punkt, wo es kein Zurück mehr gibt, es für alle Zeiten reicht. So weit sollte es nicht kommen, besser ist es vorab zu handeln.

Bleiben Sie konsequent

Bleiben Sie unbedingt konsequent. Es mag Ihnen zwischendurch leidtun, letztlich geht es Ihnen jedoch besser. Eine kleine Episode aus meinem Leben, mein Herr Vater war ein „alter Despot.“ Sehr nett, charmant und doch oft ein wenig auf Kriegsfuß, mit seiner spitzen Zunge. Ich habe die Herrschaften öfters zum Essen eingeladen, und es endete meist in einem kleineren oder größeren Drama, die jammernde Mutter und der ewig zynische Herr Vater.

Für mich war die Konsequenz daraus, meine Eltern lieb zu haben, zu ehren, was ich auch tue, ohne Zweifel. Jedoch gemeinsame Mahlzeiten zu meiden oder mit Abstand zu sitzen. Denn ich habe keine Lust auf verbale Klimmzüge und des lieben Friedens wegen schweigen zu müssen. Ich bin mir sicher, dass Sie das auch kennen. Sollten noch andere Menschen an der Tafel sitzen, müssen diese Herrschaften sich erst recht ausleben und voll auftrumpfen. Die Geschichte schaukelt sich sukzessive hoch. Es geht nicht nur um die eigenen Eltern, dazu können Sie alle Menschen zählen.

Am Essenstisch muss Frieden und Ruhe herrschen

Viele beherrschen dieses Thema leider nicht und sind lieber auf Kriegsfuß. Lieben es zu diskutieren und perfide Pfeile abzuschießen. Hundertprozentig wissend, wo man den anderen genau und tief treffen kann. Es liegt jetzt an Ihnen, ob Sie gerne als Zielscheibe fungieren oder eher nicht. Ich mag es nicht mehr, habe es für meinen Teil satt. Wissen Sie wieso? Weil ich es so oft mitgemacht habe und nun ist es ein für alle Mal gut, irgendwann reicht es dem Dümmsten.

Nehmen Sie Ihr Leben in die eigenen Hände

Egal was Sie bisher erlebt haben und noch werden, Sie sind nicht gezwungen, alles mitzumachen. Nie und nimmer, wozu denn auch? Sie können frei entscheiden, haben Ihr Leben, Ihre Seele und diese gilt es zu schützen. Ja, Sie müssen sich selbst und teilweise sogar vor sich schützen, damit Sie nicht untergehen, denn das wäre schrecklich.

Jammern wegen den Freunden

Was ist das für eine äußerst komische Nummer. Wer hat sich denn die Freunde ausgesucht, Sie doch höchstpersönlich. Oder wurden Sie dazu gezwungen, mit jemandem Freundschaft zu schließen? Wenn ja, dann ist es natürlich nicht so leicht, das glaube ich aber nicht. Keiner kann einen dazu zwingen, Freundschaften zu schließen und diese zu pflegen. Das tun Sie doch aus freien Stücken, weil Sie es höchstpersönlich wollen.

Was passt Ihnen nicht

Anstatt zu jammern, setzen Sie sich hin und schreiben alle Positionen, welche Sie belasten auf, was Sie nicht gut finden und was Sie unbedingt geändert haben möchten. Genauso halten Sie all die positiven Eigenschaften fest. Wieso sind Ihnen die Freunde wertvoll und welche Bereicherung stellen diese für Sie dar? Waren diese schon Retter in der Not? Konnten Sie sich immer auf sie verlassen? Dadurch ziehen Sie Bilanz und haben einen klaren und guten Überblick.

Nie die Dinge nur aus dem Gefühl heraus betrachten

Denn Gefühle sind manchmal trügerisch, und vor allem haben wir es dadurch nicht schwarz auf weiß, das ist das Problem. Was Sie auf Papier festgehalten haben, damit können Sie arbeiten, manche Punkte streichen, umwandeln, ergänzen und dadurch, dass Sie es mit Datum versehen, kann jederzeit der Fortschritt angeschaut werden.

Wie oft wird über Freunde gejammert

Ich bin erstaunt, wie man damit umgeht. Entweder man hat tolle Freunde, auf die man stolz ist, die eine Bereicherung sind, oder das Gegenteil ist der Fall. Was gibt es da zu jammern und zu schimpfen? Das ist wahrlich das Allerletzte und vor allem unnötige Energieverschwendung. Hinzu kommt die oftmals zu hohe Erwartenshaltung, die man an sein Umfeld, seine Freunde hat.

Was nichts bringt, canceln Sie

Das ist meine klare Botschaft an Sie. Wenn ich nur über Freunde jammern muss, tun diese mir nicht gut, kosten mich unnötig Energie, die ich für Wichtigeres benötige. Da muss ich mich von ihnen trennen. Was wäre denn das sonst für ein Schwachsinn, solch eine Beziehung aufrecht zu erhalten. Auch hier die klare und deutliche Botschaft, es gibt nichts zu jammern. Es liegt wie immer in Ihrer Hand, was Sie daraus machen.

Jammern wegen der Gesundheit

Da kenne ich unzählige Menschen, oh je, und je älter diese werden, desto schlimmer wird es. Vor allem ältere Menschen verlustieren sich hierbei sehr gerne. Da werden stundenlang die Krankheitsgeschichten vorwärts und rückwärts erzählt, regelrecht abgespult, ohne Punkt und Komma. Unheimlich spannend und jeder hat fast etwas dazu beizutragen, die Leiden werden immer schlimmer.

Schenken Sie sich das

Sie sollen nicht über Ihre Gesundheit oder Krankheit jammern, sondern über einen Masterplan verfügen. Sie benötigen dringend einen Gesundheitsplan. Welche Maßnahmen sind durchzuführen, damit es Ihnen gut geht? Diese können bestimmt nicht nur aus Arztbesuchen und Krankenhausaufenthalten bestehen. Dazwischen gibt es noch eine riesige Bandbreite, was man alles selbst für seine Gesundheit tun kann und muss.

Vorbeugen ist besser als Heilen

Das ist ein wunderschöner Ausspruch, scheint jedoch für die Mehrzahl der Menschheit überhaupt nicht zu gelten. Das ist doch Wahnsinn, was die Menschen hier machen. Viele leben auf volles Risiko, ohne kurz innezuhalten. Selbst ein Warnschuss wird vollkommen ignoriert. Alles wird intensiver gepflegt, nur die eigene Gesundheit nicht. Wenn ich da an die Männer denke, die einen Kult um ihr Auto machen, dieses wird gewaschen und poliert. Die Frauen teilweise um ihre Wohnung und die Kleidung. Nur die eigene Gesundheit, dass man hierfür etwas tun könnte, dieses Programm scheint es überhaupt nicht zu geben, das ist tabu. Schade, darüber sollten Sie sich einmal Gedanken machen.

Wenn das Kind in den Brunnen gefallen ist, ist das Geschrei groß

Es wird so gelebt, als gäbe es keine Limits. Kaum Bewegung, ungesundes Essen, nach Möglichkeit noch Alkoholkonsum und Rauchen. Eine brisante Mischung, die sich irgendwann im Leben rächt. Denn der Körper vergisst nichts, alles wird wie auf einer Festplatte gespeichert und im Laufe der Jahre summieren sich die gesamten Faktoren. Irgendwann knallt es, und dann ist das Geschrei riesengroß.

Dann muss es schnell gehen

Schnell zum Doktor, zügig eine Operation, eine Spritze, ein paar Tabletten und schon muss der alte Zustand wieder hergestellt sein. Aber dem ist leider in den meisten Fällen nicht so. Denn es gibt auch hier des Öfteren den sogenannten „Point of no Return!“ Den Punkt, wo es kein Zurück gibt, irreversible Schäden auftreten, welche uns dauerhaft begleiten.

Vieles wird für die Wiederherstellung getan

Manche nehmen ihre krankheitlichen Störungen aktiv in die eigene Hand. Andere wiederum ignorieren es nach wie vor und warten lieber passiv auf das, was da geschehen wird. Wie oft höre ich „Ach der Doktor, der ist aber nichts. Das hat gar nicht geholfen. Die Spritzen und Tabletten waren nichts“ und weitere nette Sprüche. Dabei vergessen diese Leute, dass man selbst etwas zur Genesung beitragen muss.

Nicht jammern, sondern aktiv handeln

Dies ist das große Thema, weg vom Jammern ins aktive Geschehen hinein. Denn durch das Jammern wird nichts besser, im Gegenteil. Wenn Sie sich noch mit anderen Menschen unterhalten, über deren Krankheiten, vertiefen Sie das gesamte Dilemma zusätzlich. Denn plötzlich hat man Beschwerden, wo vorher gar keine waren.

Suchen Sie nach Lösungen

Das ist die Devise, Lösungen müssen her, damit es Ihnen wieder besser oder sogar sehr gut geht. Wer sich in den Problemen suhlt, wird sie nur weiter vergrößern und verschlimmern. Denken Sie lieber in Lösungen, die sind ergiebiger und zufriedenstellend. Dadurch findet man einen Weg aus diesem Dilemma. Auf was wollen Sie noch warten?

Abwarten oder beten

Oder sogar beides, nur von alleine wird sich überhaupt nichts tun. Sie müssen selbst aktiv ins Handeln kommen. Tag für Tag auf Ihre Gesundheit achten. Wie sagte Pfarrer Kneipp

> **„Wer nicht jeden Tag etwas für seine Gesundheit tut,
> hat eines Tages sehr viel Zeit für seine Krankheiten!"**

Das ist doch nett, finden Sie nicht auch? Dieser Spruch kam schon häufig zum Tragen.

Jammern wegen den Nachbarn

Manche Nachbarn kann man sich aussuchen, vor allem wenn man neu irgendwohin zieht, ansonsten keine Chance. Was nützt es da zu jammern? Die Nachbarn werden sich nicht ändern, der Einzige, der eine Änderung herbeiführen kann, sind Sie. Es liegt wie schon so oft, in Ihren Händen.

Ob Sie sich ärgern oder nicht

Die Menschen in Ihrer Nachbarschaft haben nun einmal die entsprechenden Eigenschaften. Manche werden Ihnen gefallen, andere finden Sie unmöglich. Frage ist, wie gehen Sie damit um? Schimpfen bringt jedoch nichts. Folglich sollten wir uns das ab sofort schenken, das tut uns nicht gut.

Was ist zu tun

Wenn es die Möglichkeit gibt, reden Sie mit ihnen. Wenn das nicht möglich ist, gibt es für manche Dinge den rechtlichen Weg. Oder Sie suchen sich ein neues Domizil. Auf diese Inputs höre ich häufig, dass das nicht leicht ist, natürlich ist es nicht einfach. Frage ist aber, was ist schlimmer, zu gehen und zur Ruhe zu gelangen oder sich lieber die nächsten Jahrzehnte aufzuregen. Was ist denn das für eine Lebensqualität?

Mut haben

Für solche Dinge benötigt man Mut. Mut, die Dinge in die eigenen Hände zu nehmen und endlich eine Änderung herbeizuführen. Aber vor Veränderungen haben die meisten Leute Angst. Lesen Sie darüber Näheres im Kapitel „Habe endlich Mut."

Jammern wegen dem Partner

Es ist für mich abstoßend, den Menschen zuzuhören, wie sie über den eigenen Partner herfallen, was der sich alles erlaubt, wie faul und träge er geworden ist. Welch ein Armutszeugnis, wer hat denn den Partner ausgesucht, ihn geheiratet? Ich wäre da vorsichtiger und würde mich nicht soweit aus dem Fenster lehnen.

Wer hat ihn ausgesucht

Waren es Ihre Eltern, Freunde, Großeltern oder sonst jemand? Tja, wer war es wirklich? Wurden Sie zur Heirat gezwungen? Keine Ahnung, oder? Natürlich Sie waren es doch, niemand anderes als Sie, und deswegen sind Sie hier zur Verantwortung zu ziehen. Wieso soll gerade Ihr Partner jetzt so schlecht sein, dass man ihn überall als schlecht verkaufen muss?

Frauen sind große Spezialisten

Wahnsinn, was ich in den Cafés erlebe. Hetzkampagnen über die schlechte Männerwelt und man sich nichts, aber nichts mehr bieten lassen darf, es ihnen zeigen muss. Und sollte es eine der anwesenden Damen getan haben, ist ihr der Applaus der anderen gewiss. Ich kann dazu nur eines sagen, wie abstoßend, wenn man es nötig hat, seinen Partner derart zu outen. Damit gibt man sich das allergrößte Armutszeugnis, sagt klar und deutlich, wie unfähig man ist.

Männer sind zurückhaltend

Im Gegenteil, sie schützen eher die Frau. Loben sie und würden solch ein Bild niemals abgeben. Na gut, viele schalten einfach „ab“, flüchten stattdessen, lassen sich ablenken oder suchen sich klammheimlich etwas „nebenher.“ Jammern scheint bei Frauen einfach lauter zu sein, Männer verstummen eher. Wenn man das

Jammern so nötig hat, und von der eigenen Dummheit zu sprechen, dann nur zu, denn genau um diese geht es. Wie kann man so blöd sein, erstens solch einen Idioten von Partner zu heiraten, oder mit ihm zusammen zu leben? Das schreit doch zum Himmel. Was noch schlimmer ist, Dummheit hoch zwei, mit so jemandem überhaupt zusammen zu bleiben. Das ist doch die Krönung an Abgedrehtheit. Warum kann man sich da nicht trennen?

Wenn alles so schrecklich ist, ändern Sie es endlich

Sie müssen sich doch nicht bis an Ihr Lebensende abquälen, vor lauter Sehnsucht nach einer tollen Person umkommen. Das macht kein normaler Mensch. Doch erlauben Sie mir die Fragestellung, wer ist schon normal? Ja, ändern Sie es wirklich, denn es ist Ihr Leben und Ihre Lebensqualität. Für die lohnt es sich, wahrhaft zu kämpfen.

Jammern wegen dem Sex

Auch hier wieder, Wahnsinn, was da geschieht. Wer hat denn Ihren Sexpartner ausgesucht? Waren es Ihre Eltern, Freunde oder sonst jemandem, dem man vielleicht die Schuld in die Schuhe schieben könnte? Sicherlich würden wir bei längerem Nachdenken, jemanden finden. Wobei ich mir fast sicher bin, dass Sie derjenige waren, der die Wahl getroffen hatte. Folglich werden wir niemandem die Schuld geben können. Also bleibt uns nichts anderes übrig, als selbst dazu zu stehen.

Sexualität eine große Kraft

Sexualität ist letztlich die allergrößte Kraft im menschlichen Leben. Denn sie kann neues Leben zeugen, das ist beachtlich und stark. Wehe, wenn es nicht zu einer Übereinstimmung kommt. Dann ist Ärger, Stress und sogar Elend vorprogrammiert. Das ist schade, und hätte sehr leicht durch ein konkretes Vorgehen vermieden werden können. Nur wer macht das schon? Leider die wenigsten, die meisten denken, es wird schon irgendwie gehen und das ist bereits der Anfang vom Ende.

Es wird sich nicht richten

Es handelt sich hierbei um tief greifende Bedürfnisse und Konstellationen. Diese kann man nicht ändern oder abschalten, sie sind vorhanden. Es gibt Menschen, die benötigen täglich Sex und für andere würde Kuscheln reichen, manche wollen noch nicht einmal das. Stellen Sie sich vor, diese zwei unterschiedlich sexuellen Typen treffen zusammen. Der eine will täglich Sex und der andere nicht. Können Sie erkennen, wie viel Stress da vorprogrammiert ist? Das wird über kurz oder lang große Probleme mit sich bringen.

Sich aufeinander zu bewegen

Derjenige, der täglich möchte, reduziert seine Anforderungen und der andere, der vielleicht nur einmal im Monat will, erhöht es auf ein paar Mal. Was ist das Endresultat daraus? Unzufriedenheit auf der ganzen Linie. Für den Ersten ist es zu wenig und er wird mit Sicherheit irgendwann ausbrechen. Denn diese Kraft und Energie kann man nicht einfach abschalten. Der eine fühlt sich unwohl und total überfordert, will jedoch den anderen nicht verlieren und kommt ihm deshalb entgegen. Was ist das für eine seltsame Ausgangsbasis?

Männer wollen immer nur das Eine

Na super, kennen Sie diesen dummen Spruch? Gerne von den Müttern an die Töchter überliefert. Das ist doch krank, wenn Männer immer nur das „Eine“ möchten, ja was ist denn mit den Frauen? Ich kenne viele, die auch immer nur das „Eine“ möchten. Was ist so verwerflich daran? Da werden bereits in jungen Jahren durch solche Mütter, komische Assoziationen gesetzt, die ungesund sind. Da müsste die Mutter sagen „Kind mache nach Möglichkeit nicht den gleichen Fehler wie die Mama. Weißt du, ich brauche eigentlich keinen Sex, nur der Papa möchte täglich. Das ist Horror für mich und für deinen Vater eine Qual“ das wäre ehrlich und fair. Deswegen muss man doch nicht alle Männer über einen Kamm scheren. Das ist dumm und vor allem schädigend für die Jugend. Lesen Sie zu diesem Thema das interessante Buch „Mütter und ihre Macht!“

Es gibt leider nichts zu jammern

Sie können einen anderen Menschen und hier vor allem Ihren Partner nicht umpoolen. Jeder hat ein anderes Bedürfnis und das ist auch gut so. Wenn sich zwei Menschen mit dem gleichen Level treffen, ist das wunderbar, wenn nicht wird es zur Qual. Womöglich sogar noch ein ganzes Leben lang, wenn keine Änderung herbeigeführt wird.

Seien Sie ehrlich zu sich selbst

Schreiben Sie Ihre Bedürfnisse und sexuellen Vorlieben auf. Erlaubt ist, was beiden Spaß macht. Ich höre da des Öfteren „Ach mein Mann ist ja abartig“ oder „Mein Mann ist einfältig, mit seiner ewigen Missionarsstellung. Da hatte ich schon viel besseren Sex.“ Na super und wieso haben Sie sich dann trotzdem mit ihm oder auch mit ihr eingelassen? „Tja, es hat sich halt so ergeben!“ Natürlich, wie sich halt manches ergibt. Man sieht sich, findet sich nett, kommt zusammen, bleibt zusammen. Ein sehr einfaches und wunderbares Spiel. So kann es aber nicht gehen und funktionieren. Die unzähligen Scheidungen und Probleme in der Familie könnten größtenteils vermieden werden, wenn man sich im Vorfeld darüber Gedanken machen würde. Nicht erst dann, wenn das Kind bereits in den Brunnen gefallen ist.

Der andere könnte sich ein wenig bewegen

Der Partner soll sein Inneres und seine Bedürfnisse verleugnen und sich vollständig dem anderen anpassen. Am besten gleich die gesamte Individualität über Bord werfen und sich vielleicht sogar aufgeben. Wie abartig ist diese Denkweise, das funktioniert nie und nimmer. Der Partner wird dabei krank, denn man sollte nie gegen sein Inneres arbeiten und vorgehen. Nie und nimmer, auch wenn das manche Außenstehenden oft meinen. Ich denke da an ein Gespräch zwischen einer Mutter und Tochter „Ach weißt du Kind, das gehört halt dazu!“ Na klasse, darum haben wir auch so viele frustrierte und kranke Menschen. Hier vor allem Frauen, die noch zu einer Generation gehören, wo Sex ein notwendiges Übel ist, welches man über sich ergehen lässt. Damit der Papa zufrieden ist, denn Männer benötigen das.

Falsche Vorstellungen

Es gibt wohl nirgendwo so viele falsche Vorstellungen und Meinungen. Genauso wie ältere Frauen sagen „Ach, die paar Jahre halte ich noch durch!“ Ja und was ist dann? Dann ist es wohl gelaufen, schicksalsbestimmt und man selbst kann nichts dagegen unternehmen. Das ist doch eine wunderbare Einstellung. Hat man dafür sein Leben geschenkt bekommen? Nein! Ich glaube, es ist zu wertvoll, um solche Geschichten mitzumachen.

Die Angst hindert die Leute Entscheidungen zu treffen

Das ist schade, denn eines Tages ist das Leben aus und vorbei. Dann kommt meist der Spruch „Ich habe mir alles ein wenig anders vorgestellt!" Ja, vorgestellt und nichts daraus gemacht, das ist traurig und schlimm. Wir müssen wirklich nicht das eigene Leben rumbringen. Wir sollten es leben, wirklich leben. Wenn nicht jetzt, wann dann? Im nächsten Leben vielleicht?

Wie soll es weitergehen

Das ist genau der Punkt, wie soll es weiter gehen? Nicht jammern und andere damit belästigen. Das bringt nichts, Sie müssen oder sollten zu einer Entscheidung gelangen. Wo soll Ihr Leben Sie hinführen? Wie sollte Ihr Sexualleben ausschauen? Das können nur Sie für sich beantworten. Wenn Sie nicht das erhalten, was Sie benötigen, sei es öfters oder wenig Sex, wird zwangsläufig Ihre Seele leiden. Sie wissen doch was geschieht, wenn die Seele leidet? Sie wird krank, und wenn sie erstmals krank ist, dauert es meistens nicht lange, bis der gesamte Mensch erkrankt.

Mir wird das nicht passieren

Das höre ich oft, dabei ist es eine höchst subtile Angelegenheit. Das geht schleichend, bis Sie es merken, ist einiges passiert. Da sind Sie bereits in einem schlechten Bereich angelangt. Folglich passen Sie lieber vorher gut auf sich auf, damit es nicht zu einem Desaster kommt.

Jammern wegen den Steuern

Das ist total absurd, partizipieren von allen Vergünstigungen und Annehmlichkeiten, jedoch nichts zurück geben wollen. Das zeichnet die heutige Mentalität aus. Nehmen, nehmen und nochmals nehmen. Das erinnert mich an den Bauer, der sich täglich darüber freute, dass seine Kuh viel Milch gibt. Aber zu geizig war, sie zwischendurch zu füttern, denn dies hat er als absolut unnötig betrachtet. Als die Kuh starb, konnte er es nicht fassen.

Sie sind doch auch Nutznießer

Sie erhalten doch einen Gegenwert. Oder möchten Sie lieber in einem Land leben, wo äußerste Armut herrscht und es keine sozialen Einrichtungen gibt, ich brauche das nicht. Ich schätze es sehr, was es bei uns alles gibt. Es erleichtert unser tägliches Leben, um ein Vielfaches. Wunderbar und das wir dafür etwas hineingeben, ist doch selbstverständlich.

Das heißt aber nicht, dass ich mit allem einverstanden bin

Natürlich nicht, da gibt es manche Steuer, die hinterfragungswürdig ist. Genauso wie die Erbschaftssteuer. Es gibt Vorfahren, die waren fleißig, haben sich einiges erarbeitet und dafür Steuern bezahlt. Beim Vererben fallen nochmals Steuern an, das ist seltsam und nicht gerecht.

Anstatt zu jammern, holen Sie sich einen guten Steuerberater

Jemand der sich auskennt und Ihnen hilft, alle Möglichkeiten auszuschöpfen. Einen, der nicht nur einfach bucht, sondern auch das Wort „Beratung" ernst nimmt. Das ergibt Sinn, aber gute Steuerberater sind dünn gesät. Da muss man in der Regel ein wenig länger danach suchen, es lohnt sich jedoch. Also hören Sie auf zu jammern und machen das Beste daraus.

Jammern wegen dem Urlaub

Die nächste, nette Geschichte. Ich wundere mich oft, über was die Menschheit alles jammert. Wie viel Energie sie dafür aufwendet, um das hinzubekommen. Das ist der Hammer, anstatt klar und deutlich Abhilfe zu schaffen und zu einem ruhigeren Leben zu gelangen.

Wieso tun Sie das

Wie sagen fast alle, dass es beim Urlaub um die schönste Jahreszeit geht. Na bravo, das ist doch eine Ausgangsbasis. Wenn man sein Leben auf die paar Tage Urlaub reduziert, dies der einzig schöne Moment ist. Das ist im wahrsten Sinne wohl ein wenig zu wenig. Das Leben sollte wunderschön und eine Bereicherung sein. Nicht beschränkt auf einen Hauch von wenigen Tagen. Da sind die Vorstellungen, Anforderungen riesig und die Wahrscheinlichkeit, dass es daneben geht relativ hoch.

Hinzu kommt die falsche Wahl

Auch hier machen sich die wenigsten Gedanken, was sie von ihrem Urlaub erwarten. Dazu sollte man sich einige Minuten Zeit nehmen. Denn es ist letztlich ein großer Unterschied, ob ich am Meer liege oder in die Berge zum Kraxeln fahre, zwei völlig andere Welten. Wenn Sie einen Partner haben, der mit Ihnen nicht konform läuft, wird es noch schwieriger und stressiger.

Halten Sie genau fest, was Ihre Vorstellungen von Urlaub sind

Gehen Sie dazu in die berühmte Schriftlichkeit. Was Sie schwarz auf weiß haben, ist untrüglich und hat Bestand. Da gilt es wie immer ehrlich zu sein. Absolut ehrlich, denn nur das führt zu einem Vergnügen und letztlich zur Erholung. Wenn Sie etwas nicht mögen, stehen Sie hundertprozentig dazu.

Die Auswahl des Ortes

Wenn Sie das falsche Hotel, Ort und Umgebung aussuchen, bedeutet das Stress, den es auf alle Fälle zu vermeiden gilt. Stress ist ungesund und das sollte man sich tunlichst schenken. Ich erlebe es oft, dass die Menschen von einem Superservice träumen, wunderbaren Zimmern und genau das Gegenteil buchen.

Was lieben Sie

Um das geht es in erster Linie. Auch wenn jetzt einige wiederum meinen, das wäre eine egoistische Einstellung. Das finde ich überhaupt nicht, denn Stress aus dem eigenen Sein heraus, führt letztlich zum großen Stress für alle Beteiligten und das muss unbedingt vermieden werden.

Das weiß man vorher doch nicht

Diese Aussage wird häufig in den Mund genommen. Da erkundigt man sich im Vorfeld genauestens und bucht nicht wild drauflos. Es ist immer alles eine Frage der Prioritätensetzung und des konsequenten, gezielten Angehens.

Jammern nützt nichts

Von wegen Scheißhotel, -anlage, -Ferienwohnung, -Campingplatz, u.s.w., es ist letztlich das Resultat Ihrer vorausgegangenen Buchung. Folglich können Sie sich das ewige Gejammere schenken. Was soll denn das? Außer Sie lieben es natürlich, sich zu quälen, das ist dann eine andere Geschichte.

Jammern wegen dem Wetter

Das ist der nächste Schwachsinn, was soll das überhaupt? Das gibt wahrlich keinen Sinn. Die Leute jammern, dass das Wetter schlecht ist. Dann muss ich mir halt einen Urlaubsort in einem Land aussuchen, wo man von dem Klima ausgehen kann, dass es warm und sonnig ist, mit wenig Niederschlagsneigung. Ansonsten kann man Gott sei Dank am Wetter nichts ändern. Wir müssen es nehmen, wie es kommt.

Natürlich ist es nicht immer lustig

Wir leben auf einem Breitengrad, an dem die Wettersituation sich durch eine Beständigkeit auszeichnet, und das wäre die Unbeständigkeit. Das ist doch eine gute Ausgangsbasis, finden Sie nicht auch? Folglich haben wir dadurch die Chance, uns hundertprozentig danach zu richten. Es gibt letztlich keine Überraschungen, weil immer alles möglich ist.

Es gibt Dinge, die kann man ändern

Vieles können wir ändern und haben es in unserer Hand. Zum guten Glück können wir an der Wettersituation nicht herumschrauben. Stellen Sie sich einmal vor, jeder würde nach seinem Empfinden das Wetter beeinflussen. Das wäre wahrhaftig fatal, denn der eine bevorzugt die Wärme und der andere liebt es nicht so heiß. Also bleibt Ihnen nichts anderes übrig, als das Wetter zu akzeptieren, wie es ist und das Beste daraus zu machen. Es gibt ja für jedes Wetter die geeignete Kleidung. Oder Sie wandern in ein Land aus, wo Sie absolute Wettergarantie haben. Dies kann jedoch nicht bei uns hier sein.

Jammern wegen der Wohnung oder dem Haus

Eine beliebte Tätigkeit, über die Wohnverhältnisse zu jammern. Entweder zu groß, zu klein, zu modern, zu alt und Weiteres. Das kennen Sie sicherlich auch. Nur was soll das, was bringt es Ihnen? Ändert es etwas an der Situation? Doch nichts, dass es so ist, wie es eben ist, hat mit Ihnen zu tun und mit niemand anderem.

Was gefällt Ihnen nicht

Schreiben Sie auf, was Ihnen nicht gefällt. Seien Sie dabei ehrlich, denn Sie verbringen letztlich doch einen Großteil Ihrer Zeit in den häuslichen Räumlichkeiten. Da muss es stimmig sein und Sie müssen sich wohlfühlen. Denn es ist der Ort des Rückzugs, der Besinnung und Erholung, um neue Energie für den Alltag und dessen Herausforderungen zu tanken.

Was hätten Sie gerne

Es nützt nichts, wenn man nur schreibt, was man nicht gerne hätte. Genauso muss man sich Gedanken machen, was man gerne hätte. Das beherrschen die wenigsten Menschen. Im Jammern sehr stark und groß, jedoch im Alternativen suchen dermaßen schlecht und schwachstrommäßig.

Wer oder was hindert Sie daran

Tausende von Alibis warten wieder auf uns. Es gibt viele Gründe, wieso etwas nicht funktioniert und was alles dagegen spricht. Klar und es gibt nur einen Einzigen, der dafür spricht, das sind Sie und Ihr Wunsch, es endlich zu erreichen und zu tun. Wie schade, wenn man immer nur hinterher rennt.

Einer der Hinderungsgründe ist Geld

Wenn ich mehr hätte, ja dann............! Wissen Sie was, dann nämlich gar nichts. Das ist schade, wenn man erneut ein Alibi sucht. Damit belügt man sich in erster Linie von Jahr zu Jahr selbst. Lebt in der großen Hoffnung, Erwartung und erleidet dadurch zwangsläufig, eine Enttäuschung nach der anderen. Wenn ich es mir noch nicht leisten kann, muss ich Wege suchen, um dahin zu gelangen. Ich bin dafür verantwortlich und nicht mein Partner, meine Eltern oder sonst wer.

Bis wann wollen Sie es

Bis wann wollen Sie etwas erreicht haben? Welche Zielsetzung haben Sie sich gegeben? Tun Sie es wirklich, denn es gibt wahrhaftig nichts Schöneres, als sich voll und ganz leben zu können. Das beflügelt und macht glücklich, ist der schönste Traum, den man sich verwirklichen kann.

„Träume nicht Dein Leben – Lebe Deine Träume!"

Gibt Energie oder kostet Energie

Das gesamte Leben ist auf Energie aufgebaut. Entweder geben Dinge Energie oder sie kosten Energie, dazwischen gibt es nichts. Sie sind alleine für Ihren Energiehaushalt verantwortlich, niemand anderes. Sie und nochmals Sie, denn diese ewigen Alibistorys gehören tatsächlich der Vergangenheit an.

Was kostet Sie Energie

Wenn Sie lang anhaltend glücklich werden möchten, müssen Sie die Energiefresser aus- oder abschalten. Da nützen sonst die besten Vorsätze nichts. Gehen Sie in die Schriftlichkeit, schreiben Sie alles auf, was Sie nervt und Energie kostet. Seien Sie dabei mutig, denn tief in Ihrem Inneren wissen Sie genau, wer und was es ist. Aber das Ganze aufs Papier zu bringen, da wird es ein wenig komisch. Dadurch werden wir permanent daran erinnert, dass wir etwas ändern müssen.

Was bringt Ihnen Energie

Die Gegenseite der Energiefresser sind klar die Bringer. Beim Aufschreiben achten Sie darauf, nicht gleich in die Zensur zu gehen. Denn Sie werden bei dieser Aufgabe schnell Ihre berühmte innere Stimme hören, die meint „Das kannst du doch nicht machen!" Dies spielt während der Sammlung der Fakten, überhaupt keine Rolle, das kommt erst später. Aufschreiben und sammeln ist völlig frei davon.

Was wollen Sie ändern

Um das geht es schlussendlich, denn aus dem Wunsch heraus tut sich nichts. Ich denke es ist die Zeit gekommen, wo Sie wirklich und wahrhaftig etwas ändern möchten und müssen, um eine Veränderung in Ihrem Leben herbeizuführen. Denn der Wunsch, dass sich die Dinge von selbst ändern, wird sich zeitlebens nicht erfüllen, wir müssen uns dafür in Bewegung setzen.

Das nächste Thema heißt canceln

Ihre Energiefresser müssen Sie eliminieren. Wow, was für eine Aussage, finden Sie nicht auch? Und schon kommt wieder, das kann man doch nicht machen. Richtig, Sie haben aus Ihrer Sicht völlig recht, man kann es nicht machen. Nein falsch, Sie wollen es nicht machen, sind nicht bereit eine Änderung herbeizuführen und dafür einen Preis zu bezahlen. Genau das ist das Problem, wer nicht loslässt, hat keine Chance für das Neue. Vergleichen Sie es mit Folgendem, Sie haben in beiden Händen jeweils ein Glas Wasser. Also heißt das, beide Hände sind belegt. Jetzt sehen Sie ein schöneres und edleres Glas. Das hätten Sie gerne, aber Sie haben keine Hand frei. Wenn Sie das andere Glas haben möchten, müssen Sie die eine Hand frei machen. Dadurch haben Sie die Möglichkeit, das nächste Glas in die Hand zu nehmen.

Ihre Energiefresser

Wenn Sie die Aufgabe durchgeführt haben, kennen Sie die Punkte. Egal was es ist, fangen Sie mit dem Kleinsten und Unkompliziertesten an. Denn wir müssen uns erst einmal daran gewöhnen, sind leider nicht zu einer großen Selbstständigkeit erzogen worden. Im Gegenteil, uns hat immer die Aussage, und damit auch die Verknechtung begleitet „Das tut man nicht!“ Ich finde es dermaßen schlimm. Auch ich kam damals in den Genuss von solch einer Erziehungsmethode. Zum guten Glück war ich ein Rebell und habe mich vehement dagegen gewehrt.

Das gesamte Leben ist Energie

Fangen Sie ab sofort an zu überprüfen, wie es sich verhält. Bei allem was Sie tun, fragen Sie sich sofort, hat mir das Energie gegeben oder Energie gekostet? Dadurch werden Sie im Laufe der Zeit ein Gespür dafür entwickeln, was Ihnen gut tut und was nicht. Sie müssen endlich aus der Falle der Abhängigkeiten heraus. Sie sind nicht der Spielball der anderen. Weder deren Machenschaften, Wünschen noch Sonstigem.

Viele Menschen wünschen sich Unabhängigkeit

Das gibt es nicht auf dieser Erde. Wir alle sind auf andere angewiesen, das lässt sich nie und nimmer vermeiden. Außer Sie gehen als Robinson Crusoe auf eine einsame Insel und werden zum Selbstversorger. Ich denke, das ist jedoch nicht Ihr Ziel und Ihr Lebensweg. Unabhängigkeit fängt im Inneren an. Die Freiheit etwas zu wollen oder es zu lassen, ist die Ausgangsbasis, um die es zu kämpfen und zu leben gilt. Das ist eine riesige und vor allem lebenslange Aufgabe. Denn Sie werden immer wieder Menschen treffen, die sich in Ihr Leben einmischen wollen.

Bis wann werden Sie die Änderungen umgesetzt haben

Setzen Sie sich klar zeitliche Limits, dass Sie möglichst noch zeitlebens in den Genuss der Änderungen gelangen. Es daraus für Sie ein ruhigeres und in erster Linie auch glückliches Leben entstehen kann. Das wünsche ich Ihnen von Herzen. Nichts Schlimmeres, als von den eigenen Sehnsüchten und Hoffnungen enttäuscht und aufgefressen zu werden. Bitte hüten Sie sich davor, Sie sollten sich mehr wert sein.

Es braucht Mut

Ja, es braucht wirklich Mut, den Stier an den Hörnern zu packen. Genau das fehlt leider den meisten Menschen. Angst blockiert und macht unnötig abhängig. Ich kenne das aus meinem eigenen Leben und von anderen. Ein kleines Beispiel, ich hatte damals keine Lust, die Eltern meiner damaligen Frau jeden Sonntag zu besuchen. Als ich das mitteilte, sagte man mir gleich, das kannst du doch nicht machen. Also bin ich wieder hingegangen und hatte danach Frust. Denn es brachte mir nichts, weniger als nichts. Ich hatte mir andere Prioritäten gesetzt. Als ich dann wirklich nicht hin bin, wurde ich bestraft. Sie kennen bestimmt diese Machenschaften. Einmal mit Schweigen, das heißt, man hat kein Wort mit mir gewechselt und natürlich gab es Sexentzug. Welch probates Mittel, den anderen durch Liebesentzug zu bestrafen. Die perfide Taktik von vielen Eltern „Wenn du nicht brav bist, hat dich Mama und Papa nicht lieb!“ Nett oder? Es gibt noch andere Institutionen, da hat man uns damals beigebracht, wenn wir nicht brav sind, landen wir in der Hölle.

Wie ging meine Story weiter

Sie können es sich bestimmt ausmalen. Ich bin wieder hingegangen, hatte erneut Frust. Habe es dann gelassen und so ging die Geschichte über viele Monate. Man hatte mir sogar gedroht, dass man sich scheiden lässt. Nach vielen Jahren wurde auch das vollzogen und rückwirkend muss ich sagen „Na bravo, mein lieber Ernst, hast sehr lange dafür gebraucht.“

Wenn ich mehr Geld hätte

Ja, dann wäre alles anders. Das höre ich öfters, auch „Ich kann mir nichts leisten." Deshalb träumen viele Menschen permanent vom großen Geld. Diese Leute leben stets in der Hoffnung, es eventuell eines Tages noch zu erreichen und damit sind alle Probleme gelöst. Ergo hört natürlich das Jammern sofort auf. Wo leben Sie, glauben Sie das tatsächlich?

Welch ein großer Trugschluss

Ich kenne etliche Menschen mit viel Geld. Wissen Sie was, die jammern genauso über das Elend, wie die ohne und mit nur wenig Geld. Jammern hat nichts mit Geld zu tun. Jammern ist eine Frage der Mentalität, des in früheren Jahren Erlebten und teilweise bis zum heutigen Tage, es ist eine Lebenseinstellung.

Sie glauben, Sie haben zu wenig Geld

Wie viel Geld benötigen Sie, dass es Ihnen gut geht? Auf diese Frage kommt meistens „Genug!" Genau hier liegt das Problem, durch solch eine Antwort geben Sie bereits vor, wie viel Geld Sie sich wünschen. Genügend ist das Thema und wie viel haben Sie? Genau genügend und genügend ist letztlich zu wenig. Spezifizieren Sie es haargenau. Wie viel Geld hätten Sie wirklich gerne zur Verfügung? € 5.000,- oder € 10.000,- oder vielleicht sogar eine Million oder noch mehr. „Ach, das wäre schön!" Na bravo, da haben wir zumindest eine Zahl, mit der wir arbeiten können.

Wenn eine Zahl feststeht, geht es an die Planung

Ich kann nur dann planen, wenn ich weiß wofür. Ansonsten ist eine Planung unmöglich. Stellen Sie sich einmal vor, Sie möchten in Urlaub fahren, wissen jedoch nicht wohin. Ob in die Berge, ans Meer oder doch lieber eine Kreuzfahrt. Mit dem Auto, dem Zug, dem Flieger oder Bus. Was wollen Sie da planen? Keine Chance, oder? Die Mehrzahl der Menschheit weiß nicht genau, was sie überhaupt möchten. Sie sprechen aber permanent davon, dass es schon schön wäre.

Immer nur hoffen, macht langfristig krank

Hoffnung und Erwartung führen nahezu immer in die Enttäuschung. Diese macht unglücklich und letztlich sogar krank. Das sollten Sie sich schenken. Oder gehören Sie vielleicht zu den Typen, die sich gerne quälen? Ich weiß es nicht, vielleicht brauchen Sie das ja, ist es Ihre Lebensform. Beantworten Sie es sich selbst gegenüber, in einer ruhigen Minute. Setzen Sie sich hin und überlegen Sie, wo Ihr Leben hinführen sollte.

Welchen Einsatz sind Sie bereit dafür zu erbringen

Wenn Sie eine Summe spezifiziert haben, kommt die nächste Frage, was sind Sie bereit dafür zu tun, wie hoch ist Ihr Einsatz? Wenn ich das meine Leute auf den Seminaren oder beim Coaching frage, kommt als Antwort „Alles!“ Na großartig, das ist doch wunderbar, wenn man bereit ist, alles, aber wirklich alles dafür zu tun. Wenn ich nachhake, wird meistens die Aussage relativiert. „Ja, vielleicht doch nicht alles – es kommt darauf an!“ Auf was kommt es an? Entweder wollen Sie Ihr Ziel erreichen und setzen alles daran oder Sie lassen es. Dazwischen gibt es nichts, da müssen wir uns nichts vormachen.

Suchen Sie nach Wegen und Lösungen

Wenn Sie weiterhin das machen, was Sie bisher getan haben, werden Sie auch weiterhin nur das Gleiche ernten und besitzen. So simpel ist das Spiel, dies verstehen die meisten leider nicht. Viele sind der Meinung, dass man einfach Glück haben muss und dann funktioniert es. Das ist ein großer Trugschluss, jeder Erfolgreiche weiß, dass sein Erfolg nichts mit Glück zu tun hat, sondern mit intensivem, dauerhaftem Arbeiten.

Wo fängt der Erfolgreiche an

"Der Erfolgreiche fängt da an – wo der Erfolglose aufhört!" Das ist alles, leicht, klar und unmissverständlich. Aber für die Mehrheit der Menschen nahezu unerreichbar, weil sie zeitlebens etwas anderes gehört und vorgelebt bekommen haben. Vielleicht kennen Sie die Geschichte von den Reichen, die eh alles nur ergaunert und erlogen haben. Auf der anderen Seite die Armen, die Pech haben und vom Leben nicht begünstigt werden. Dazu passt der Spruch

"Lieber arm und glücklich, als reich und unglücklich"

Viele Lügen und Unwahrheiten

Wenn es um Geld geht, scheiden sich die Geister. Nirgendwo gibt es solche Unwahrheiten und Märchen. Wenn Sie Geld haben, wird sich nichts ändern. Auch dann haben Sie alles genau gleich wie vorher. Der Unterschied ist, anstatt einem kleinen Auto, fahren Sie ein großes Automobil. Anstatt eine kleine Wohnung oder Haus, ist alles ein wenig größer und komfortabler. Als Typ bleiben Sie aber gleich, außer Sie ändern Ihre Einstellung.

Nochmals, was wollen Sie

Das ist die Frage, die uns letztlich ein Leben lang begleitet. Was wollen Sie, wollen Sie wirklich? Das können Sie nur für sich alleine beantworten. Da kann Ihnen niemand helfen, nie und nimmer. Auch der Traum, dass als Lottomillionär alles anders ist, stimmt nicht. Nahezu alle Gewinner haben es bewiesen.

„Wie gewonnen - so zerronnen!"

Warum? Diese haben keine Ahnung, wie man mit Geld umgeht. Sie jammern trotzdem, finden an allem ein Haar in der Suppe, etwas auszusetzen, sind nie zufrieden, undankbar. Das ist dermaßen gestört, wie die Schweizer sagen. Es ist dringend Handlungsbedarf vorhanden, um dem Spuk endlich ein Ende zu setzen, für alle Zeiten. Einmal sollte man diese Jammerer vor sich selbst schützen und zum Zweiten wäre es ein Segen für alle anderen

Mitmenschen, wenn das Theater endlich ein Ende nehmen würde, dem ganzen ein Riegel vorgeschoben wird.

Alles hat zwei Seiten

Jedes Ding hat zwei Seiten, Frage ist, aus welcher Sicht man das Ganze sieht. Nehmen wir als Beispiel die Sonne. Sie scheint, jetzt könnte man hingehen und sagen, wie stark die Sonne scheint. Wenn man mitten in der Sonne steht, ist es vielleicht viel zu heiß. Steht man jedoch im Schatten, kann man sagen, ach ist der Schatten so eklig, da ist es kalt, in der Sonne wäre es viel schöner und wärmer. Egal, auf welcher Seite Sie stehen, alles hat seine Vor- und Nachteile, wie immer im Leben. Stehen Sie in der Sonne, werden Sie gewärmt und gebräunt. Stehen Sie im Schatten, bedeutet es Kühlung und Erholung, eines bedingt das andere. Also freuen wir uns, dass die Sonne scheint, wir haben dann die Wahl, wo wir stehen wollen. Können frei entscheiden, ist das nicht genial?

Wir haben immer die Wahl

Das finde ich traumhaft, wir haben jeden Morgen, wenn wir die Augen aufmachen, die Wahl, aus dem Tag eine große Meisterleistung zu machen, im positiven sowohl als auch im negativen Sinne. Freie Auswahl und diese sollten wir nutzen und uns derer immer bewusst sein. Wir sind nicht nur abhängig von den äußeren Gegebenheiten und den anderen Menschen in unserem Umfeld. Denn es gibt Dinge auf dieser Erde, da haben wir Einfluss und auf andere eben nicht. Das Einzige, was wir hundertprozentig unter Kontrolle haben, sind wir höchstpersönlich. Das ist unser Gebiet, unser intimer Bereich, in dem wir keinen anderen hereinlassen müssen. Dafür sind wir Gott sei Dank selbst verantwortlich, haben es in unseren Händen.

Wie lange wollen Sie noch jammern

Vielleicht finden Sie das eine blöde oder freche Frage, ist sie jedoch nicht, denn es geht um das Kostbarste, was Sie besitzen. Es ist Ihre Lebenszeit und wissen Sie, was daran so verrückt ist, Ihre Lebensuhr läuft und läuft. Ohne Pause, egal was Sie tun, und eines Tages ist diese abgelaufen. Wie schön, wenn Sie wenigstens noch zeitlebens die Dinge erledigt haben.

Zeit ist wie Gold zu behandeln

Diese ist so wertvoll, wenn, ja wenn Sie etwas daraus machen, Ihr Leben nicht vor sich hintröpfeln lassen. Denn es zerrinnt Ihnen förmlich zwischen den Händen. Zeit ist auch das Einzige, was man weder sparen, kaufen noch horten kann, Zeit läuft und läuft. Jeder Tag, der vorbei ist, an dem Sie nichts unternommen haben, ist ein verlorener Tag, der nie wieder kommen wird. Wachen Sie auf, wachen Sie wirklich auf und verschieben Sie nie mehr etwas auf morgen oder irgendwann.

Ihr Leben als Ihr wertvollster Schatz

Wie wunderbar solch ein Geschenk erhalten zu haben. Wie schön, wenn man daraus eine Meisterleistung macht. Nie mehr wartet oder anderen die Schuld gibt. Denn am Ende müssen und werden Sie alles verantworten dürfen, ohne „Wenn und Aber." Im Leben zählen nur die Ergebnisse und Fakten. Alles andere ist unnötiges Beiwerk und wertlos.

Kommen Sie jetzt zu einer Entscheidung

Jammern Sie noch eine Stunde, einen Tag, eine Woche, einen Monat, ein Jahr, zehn Jahre oder vielleicht ein Leben lang. Ihre Entscheidung, im Wort Entscheidung ist das Ende enthalten und dass Sie sich scheiden lassen. Ich kann es Ihnen nur ans Herz legen, lassen Sie sich buchstäblich vom Gejammer scheiden und gehen Sie den Weg eines sehr glücklichen, erfolgreichen, in sich ruhenden, zufriedenen Menschen.

Sollten Sie sich für eine weitere Jammerperiode entscheiden

Dann verschonen Sie bitte Ihr Umfeld damit, denn es interessiert die anderen nicht, nicht wirklich, wozu denn auch. Behalten Sie Ihre Jammerarien für sich, schimpfen, fluchen und jammern Sie im stillen Kämmerlein, das ist nicht mehr als fair und korrekt. Ich danke Ihnen von ganzem Herzen dafür, auch im Namen all der anderen, die darüber sehr glücklich und zufrieden sein werden, endlich einen Energiefresser weniger in ihrem Leben zu haben.

Vielleicht finden Sie, dass ich unverschämt und frech bin

Das kann leicht passieren, ist aber für mich kein Problem, damit kann ich gut leben. So ist es nun einmal, wenn man die Dinge aus der ganzheitlichen Sicht durchleuchtet. Wo ist das Problem, Sie haben einen Schuldigen und vielleicht ein neues Feindbild gefunden? Wissen Sie, wem Sie dadurch am meisten schaden? Richtig, nur sich selbst, also freie Entscheidung, wie Sie damit umgehen.

Ich wünsche mir, Sie zu treffen

Denn dann hat es sich gelohnt, das Buch zu schreiben, ist meine Aufgabe hier auf Erden erfüllt. Lebenshilfebücher hört sich per se schrecklich an. Es trifft jedoch am besten den Kern. Es geht um Leben, um Ihr Leben und letztlich auch um das Leben von allen Menschen hier auf Erden. Hilfe benötigen wir alle immer und immer wieder. Sei es medizinische, juristische, steuerliche oder direkte Lebenshilfe. Alles Personen oder Institutionen, die wir aufsuchen und die uns helfen, dass es uns besser geht.

Ich wünsche mir, in Ihnen etwas zum Klingeln zu bringen

Dass Ihre Seele angesprochen wird, Sie berührt werden und dann in die Änderung gehen. Fort- und Weiterbildung für ein besseres Miteinander. Wenn alle Menschen auf Erden ein wenig mehr dazu beitragen würden, hätten wir paradiesische Zustände. Nun, das ist natürlich ein Wunsch, der nicht in Erfüllung gehen wird. Sorgen Sie einfach dafür, dass es Ihnen gut geht, Sie im Lot sind, Ihr Leben nach Ihrer Fasson gestalten und leben, das ist ein riesiger Fortschritt.

Wir werden nicht diskutieren

Das ist das Hobby von vielen Menschen, über alles zu diskutieren, zu zerreden und letztlich frustriert aus dem Ganzen heraus zu gehen. Nun denn, Frage ist, womit verbringe ich mein Leben? Was sind meine Lebensdevisen, wofür stehe ich ein, was ist mir wichtig und dann lebe ich danach.

Zerriss ist das große Thema

Viele Menschen leben davon, alles zu zerreißen. Andere in den Schmutz zu ziehen, ist für sie die große Erfüllung. Jedem Menschen sein Himmelreich oder eben das Gegenteil. Wir sind der Herr unseres Lebens, ob Sie das glauben wollen oder nicht. Mein Buch, respektive meine Bücher können nur eine Botschaft sein. Einige werden sie aufnehmen, glücklich und dankbar sein und die Dinge in ihrem Leben in Angriff nehmen. Andere werden sie lesen, interessant finden und es dabei belassen. Dann gibt es die dritte Gruppe, die findet es doof und unmöglich. Den Kaufpreis auf das Konto Erfahrung buchen, das Buch ist nichts, das war es dann. Die letzte Gruppe teilt es dem Umfeld mit, welch ein Schwachsinn das Ganze doch ist. Nun denn viel Spaß, bei dem was Sie tun wollen und werden.

Sie kennen das Prinzip von Ursache und Wirkung

Wenn Sie sich mit dem Leben und den Erfolgsmechanismen befassen, dürfte es nichts Neues für Sie sein. Wenn nein, lassen Sie es uns gemeinsam anschauen. Das Prinzip sagt nichts anderes aus, dass wir nur das ernten werden, was wir gesät haben.

Sie sind das Resultat Ihrer Taten

So wie Sie heute sind, wo Sie sich heute befinden, ist das Endresultat Ihrer Ursachen, die Sie in der Vergangenheit gesetzt haben. Vergleichen Sie es mit einem Landwirt, was wird dieser ernten? Na logisch, werden Sie sagen, er erntet nur das, was er gesät hat, bei uns ist das genau gleich. Aus diesem Grund sollten wir uns reiflich überlegen, welche Aussaat wir säen wollen.

Von nichts kommt nichts

Das ist die nächste nette Geschichte. Etliche klagen, dass andere mehr besitzen, glücklicher sind und vieles mehr. Nun, bevor man das oberflächlich macht, sollte man überprüfen, was die anderen dafür tun. Wie viel Einsatz sie bringen und welche Rückschläge schon alle verkraftet wurden und noch werden müssen. Man sieht das Endresultat und glaubt als Außenstehender, dass die Glücksgöttin Fortuna fleißig war und es so ungerecht ist, dass sie bei uns noch nicht vorbei geschaut hat. Das ist natürlich Blödsinn und bedeutet in erster Linie eine Selbsttäuschung. Davor sollte man sich unbedingt schützen.

Wenn Sie mehr möchten, müssen Sie mehr tun

Das ist so simpel und unkompliziert. Die meisten hätten jedoch gerne unendlich viel und sind aber nicht bereit, dafür ein Engagement zu erbringen. Fatal und völlig töricht derart durchs Leben zu schreiten. Da hat der Volksmund einen schönen Spruch bereit

„Ohne Fleiß – keinen Preis!“

Wer sich viel leisten will, muss viel leisten. Wir reden jetzt nicht von den Menschen, die in einem reichen Elternhaus aufgewachsen sind. Da gelten andere Regeln und zumindest ist da eines zu sagen, dass hier die Vorfahren mehr geleistet haben.

Es ist so einfach

Es ist in der Tat einfach und genau das stellt das Problem dar. Weil es einfach ist und die Menschen alles nur kompliziert sehen, können sie es nicht erfassen, das ist schade und tragisch. Das Gute liegt so nahe und wir schweifen lieber in die Ferne. Dadurch wird kostbarste Lebenszeit vergeudet.

Bevor Sie in Zukunft etwas tun

Halten Sie vorher kurz inne und denken Sie an die Folgen. Denn alles was Sie säen, werden Sie ernten, niemals etwas anderes. Viele Leuten behaupten dann, dass es ungerecht ist, sie meist Pech haben. Studiert man jedoch die Denk- und Handlungsweise dieser Leute, kann man den roten Faden finden, der sich durch ihr gesamtes Leben zieht.

Anderen die Schuld geben

Der meist verbreitete Sport bei uns Menschen ist, für alles was geschieht, den anderen die Schuld zu geben. Auch hier wiederhole ich mich teilweise, nach dem Prinzip „Wiederholung schafft Wirklichkeit!“ In der Kreativität einen Schuldigen zu finden, sind die Menschen grenzenlos. Nach Lösungen zu suchen, da hört es jedoch auf, herrscht das blanke Nichts, dazu ist man zu bequem.

Den anderen die Schuld geben

Dies ist für mich einer der prägnanten Sätze, mit unendlich viel Brisanz. Das ist doch verrückt, wenn Sie andere beschuldigen, da geben Sie Ihre eigene Unfähigkeit preis. Sie machen sich damit postwendend zum Opfer. Sie der Gute und auf der anderen Seite die Bösen. Kennen Sie das folgende Zitat?

„Wer anderen die Schuld gibt, gibt ihnen die Macht über sein Leben!“

Kann es das sein? Wenn die anderen nicht wären, wäre alles anders. Das ist die große Lüge, in diese Falle läuft man mit großen Schritten selbst hinein.

Suchen Sie nach Lösungen

Suchen Sie wirklich nach Lösungen und nicht nach Schuldigen. Ich höre einige von Ihnen sagen „Tja, der hat gut reden!“ Natürlich habe ich gut reden, wissen Sie wieso? Weil ich Tag für Tag öfters mit meiner eigenen Unvollkommenheit zu kämpfen habe. Ich muss, respektive ich tue es, weil ich es will, mich mit dem Thema auseinandersetzen. Was gut ist für mich und was nicht. Wo ich auch nur zu gerne und leicht, andere für Situationen und Gegebenheiten verantwortlich machen möchte oder könnte. Tag für Tag arbeite ich daran. Manchmal gelingt es mir gut, häufig sehr gut und dann gar nicht. Tägliches Kontrolling ist deshalb angesagt, das tägliche Überprüfen, was ist gut, was sehr gut und was schlecht, dann die passenden Lösungen dafür zu suchen.

Sie haben es gepackt

Auch das höre ich immer wieder „Sie haben es gut, sie haben es gepackt!“ Wissen Sie, wann ich es gepackt habe? Richtig, wenn ich 1,80 Meter tief unter der Erde liege. Dann, ja dann habe ich es tatsächlich geschafft. Solange ich jedoch noch am Leben bin, habe ich es nicht gepackt. Folglich machen wir uns bitte nichts vor, dürfen uns nicht selbst belügen. Das wäre fatal, denn dadurch erhalten wir ein völlig verzerrtes Bild des Ganzen.

Übernehmen Sie endlich Verantwortung

Das ist eine tief greifende Aussage. Sie alleine, niemand kann Ihnen das abnehmen und das ist ein Problem für die meisten. Wenn es niemand abnehmen kann, besteht keine Chance jemandem die Schuld geben zu können. Folglich setzen viele Energie in die Suche, eines Schuldigen zu finden.

Verantwortung

In dem Wort ist die Antwort enthalten. Deutsch ist eine großartige Sprache, klar, konkret, messbar und unmissverständlich, wenn man sie versteht und umsetzt. Antwort auf was, auf Ihr Leben. Dazu müssen Sie zwangsläufig wissen, was Sie wollen und was nicht. Merken Sie was, es dreht sich immer nur um das Eine. Es geht um Sie, um Sie und niemand anderes auf der Welt, Sie sind das Wichtigste. Das Allerwichtigste, was Ihnen jemals begegnet ist und begegnen wird.

Meine Kinder und meine Familie sind das Wichtigste

Das sagen viele Menschen, vergessen dabei jedoch, Partnerschaften können auseinanderbrechen. Die vielen Singles und die mehr zunehmenden Scheidungen sprechen eine deutliche Sprache. Tendenz steigend, nun denn, Ihre Kinder sind eines Tages groß, werden flügge und Sie bleiben zurück. Was dann? Vor allem Frauen wachen hier ziemlich unsanft auf. Kinder gehen, man erinnert sich noch einen Mann zu haben, aber der ist schon längstens weg. Und dann, ja dann folgt oft der große Absturz.

Sie haben sich ein Leben lang

Denken Sie daran, Sie werden sich ein Leben lang haben. Deswegen sollten Sie sorgsam und liebevoll mit sich umgehen. Dies ist wahrlich die Mindestanforderung und sicher nicht zu viel verlangt, dass man lieb zu sich selbst ist, gut auf sich aufpasst. Dass man für einen hohen Energielevel sorgt, denn nur dadurch hat man die Power mehr zu bewegen, zu bewältigen. Wenn man jedoch wie ein Großteil nach der Arbeit kaputt ist, hat man etwas falsch gemacht.

Was wollen Sie

Schreiben Sie es auf, nehmen Sie ein großes Blatt Papier und halten Sie alles, aber auch wirklich alles fest. Sie, Sie, Sie und nochmals Sie. Stellen Sie sich vor, Sie sind richtig gut drauf, in Ihrer Mitte, arbeiten Tag für Tag daran, welch traumhafte Mutter, Ehefrau und weiteres Sie dadurch darstellen. Wenn wir es auf das Mutterdasein beschränken, sagen Sie mir doch einmal, wie viele Mütter kennen Sie, die wirklich gut drauf sind? Die ihren Kindern das geben, was diese benötigen. Ich spreche hier nicht von Konsumgütern oder Geld. Menschliche Werte, wie Lebenskraft und Power, damit aus den Kleinen lebensfähige Menschen mit einer großen Persönlichkeit und einem starken Rückgrat werden. Wie viele sind es?

Sie sind nicht arm

Ich gehe davon aus, dass Sie im Vollbesitz Ihrer geistigen Kräfte sind. Das ist das Allerwichtigste, stellen Sie sich vor, Sie hätten da ein Manko. Das wäre schrecklich und fatal, also heißt es für Sie bereits hierfür eine große Dankbarkeit an den Tag zu legen, denn es ist keine Selbstverständlichkeit.

Es ist doch selbstverständlich

Nein, gar nichts ist auf der Welt selbstverständlich. Wissen Sie, wie schnell sich die Dinge ändern können? Bestimmt haben Sie schon davon gehört. Was heute noch gut war, kann durch einen Unfall oder eine Krankheit innerhalb von wenigen Sekunden seine Gültigkeit verloren haben, vergessen Sie das bitte niemals.

Dankbarkeit, der Weg zum glücklich sein

Dankbarkeit ist etwas, was nur wenige Menschen kennen. Dabei ist das der direkte Schlüssel zum Glück und in ein zufriedenes Leben. Ohne Dankbarkeit werden Sie nicht glücklich sein können. Nie und nimmer, ohne diese Tugend bleibt das tiefe, innere Glück verschlossen. Es wäre Aufgabe Ihrer Vorbilder gewesen, welche Sie erzogen und gebildet haben, Sie in die Praktik des dankbar Seins einzuführen. Nun, die Zeit ist vorbei, jetzt müssen Sie es selbst tun.

Sie sind sogar sehr reich

Sie haben Ihren Geist, wenn Sie vielleicht auch einige körperliche Störungen haben, der Geist steht über dem Ganzen. Arbeiten Sie mit ihm, setzen Sie ihn ein. Fordern Sie ihn, so wie Sie es jetzt gerade mit dem Buch tun. Gehen Sie regelmäßig auf Vorträge. Besuchen Sie Fort- und Weiterbildungen. Es sind die Inputs und es ist die Nahrung, die Ihr Geist dringend benötigt.

Hören Sie endgültig mit Ihren Opferstorys auf

Erzählen Sie keine Geschichten mehr. Sie sind doch kein/e Märchenonkel/tante. Bevor Sie in Zukunft wieder den Mund aufmachen, überprüfen Sie vorher, was Sie gerade denken und aus Ihrem Mund heraus lassen wollen, das vermeidet unnötigen Ärger. Der Weg lautet Z + P + T + K. Die Erfolgsformel, um wesentlich leichter, schneller und besser durchs Leben zu kommen.

Z steht für Ziele

Ohne Ziele haben wir keine Chance, uns auch nur einen Millimeter in eine andere Richtung zu bewegen, es ist nicht möglich. Ziele müssen immer klar, konkret, messbar und unmissverständlich sein. Wenn Sie es nicht alleine hinbekommen, geht es Ihnen wie den meisten. Wir haben es nie gelernt uns intensiv, mit dem Thema zu beschäftigen. Beim Thema Ziele ist gerade der Anfang wichtig. Klare Ausrichtung auf das Ziel, wenn man am Anfang nur ein paar Grad von der Richtung abweicht und nicht korrigiert, landet man ganz wo anders. Deshalb, immer wieder Überprüfung, auch wenn man hier und da mal, ein paar Grad abweicht. Das kann vorkommen, aber umso wichtiger ist es, sein „Navi“ dann wieder neu auf das Ziel einzustellen.

P steht für Planung

Planen ist enorm wichtig, sehr wichtig sogar. Wir müssen jedoch darauf achten, dass wir nicht zu lange planen. Denn je länger wir planen, desto mehr Zweifel kommen hoch und die daraus resultierenden Ängste steigen in uns auf. Keine schöne Geschichte, denn diese Zweifel und Ängste haben die Tendenz sich zu verschlimmern. Oft fragen wir noch die lieben Menschen aus unserem näheren Umfeld oder unsere Eltern und Geschwister. Da ein Großteil davon Nelei sind, das heißt, eine negative Lebenseinstellung ihr eigen nennen, kann nur Entsprechendes an sogenannten Ratschlägen herauskommen. Dann geschieht genau das, was schon so oft in Ihrem Leben geschehen ist, Sie gelangen nie über die Planungsphase hinaus.

T steht für Tun

Anfangen, ja anfangen nicht irgendwann, sondern so schnell wie möglich, d.h., sofort. 0 Stunden nach dem Gedanken und den ersten kleinen Plänen. Hier geht immer ein Aufschrei durch die Menge. Von wegen, es muss doch gezielt geplant werden und natürlich gründlich, das ist fatal. Der zum Perfektionismus neigende Mensch kann deswegen nie zügig anfangen, er steht sich permanent selbst im Weg. Dadurch scheitern bereits im Vorfeld gute Ideen. Anfangen ist das Thema und zwar unverzüglich, genauso wie das Prinzip von

„Learning by Doing!"

Lernen, mitmachen und tun. Eine Planung auf Papier ist immer reine Theorie. Erst in der Praxis wird es sich zeigen, wie gut die Planung ist. Wenn ich unsicher bin, engagiere ich einen Coach. Eine Person, die sich auskennt und mit Erfolg mindestens seit 20 Jahren in dieser Branche tätig ist. Denn dadurch hat er einen großen Erfahrungsschatz. Einen Coach, der mich fordert und fördert, mir Hilfestellung auf meinem Weg zu meinem Ziel gibt, mit Rat und Tat zur Seite steht. Dadurch werden gravierende Fehler vermieden, die Geld kosten können.

K steht für Kontrolle

Einige gelangen bis hin zum Anfangen. Vergessen dann jedoch fatalerweise das Kontrollieren. Das ist ungesund und unklug, darf nie und nimmer passieren. Wer die Kontrolle vernachlässigt oder vergisst, hat bereits auf der ganzen Linie verloren, Fehler sind vorprogrammiert. Kontrolle bedeutet Tag für Tag KvP zu machen. Das heißt, den sogenannten

„Kontinuierlichen Verbesserungs-Prozess“

mit folgenden Fragen einzuplanen. Bin ich noch auf dem richtigen Weg, welche Änderung muss vorgenommen werden, wo haben wir Schwachstellen, in welchen Bereichen sind wir unschlagbar? Wo haben wir ein klares USP? Durch die Kontrolle kann unverzüglich eine Kurskorrektur vorgenommen werden, die vor größerem Schaden bewahrt.

So können Sie sich Ihre Storys schenken

Ist das nicht wundervoll? Sie benötigen keine Energie mehr für irgendwelche absurden Alibi-Geschichten und Opfer-Storys, die Sie dann womöglich noch glauben und die Sie wiederum hindern, endlich das selbstbestimmte Leben zu leben, von dem Sie schon seit ewigen Zeiten träumen. Ich freue mich für Sie und Ihr neues, großartiges Leben. Völlig frei von irgendwelchen Geschichten. Dadurch werden Sie Ihre Lebensvision, Ihr Ziel erreichen.

Sie sind nicht Opfer – Sie sind Täter

Eine weitere provokative These, um überhaupt die Chance zu haben, Sie eventuell erreichen zu können, in Ihr Unterbewusstsein zu gelangen. Opfer zu sein schrecklich, alleine schon der Gedanke daran, nichts tun zu können. Sie sind jedoch nur dann das Opfer, wenn Sie sich zum Opfer machen.

Sie sind Täter sich selbst gegenüber

Ist das nicht wunderbar? Wenn Sie sich als Opfer ausgeben und dazu die passenden Opfergeschichten erzählen, machen Sie sich zum Täter. Das ist fatal und schlussendlich unfassbar, zu was die Menschheit imstande ist. Sie beklagen sich als Opfer und sind durch Ihre Einstellung der Täter, das ist die absolute Krönung. Der Gipfel der menschlichen Verirrung und Abartigkeit, das muss man sich einmal überlegen.

Wenn Sie Kinder haben, wird es fatal

Nun denn, wenn Sie es lieben sich zu schädigen, steht Ihnen das selbstverständlich zu. Wenn Sie jedoch Kinder haben, sollten Sie sich diese Nummer ab sofort schenken. Das tut Ihren Kindern wahrlich nicht gut. Im Gegenteil, diese sehen so etwas als völlig normal und fangen an daran zu glauben, es zu ihrem Leben dazu zu nehmen. Sie integrieren es in ihre Gedanken- und Gefühlswelt. Ich hoffe Sie sind sich Ihrer Verantwortung gegenüber Ihren Kindern bewusst und leben diese. Denn Sie möchten sicherlich eine gute Mutter sein, oder nicht? Väter sind selbstverständlich von dieser Thematik nicht ausgeschlossen.

Wenn Sie Opfergeschichten erzählen, zeigen Sie Ohnmacht

Aus diesem Grund sollten Sie sich davor hüten. Denn es schwächt Sie in der Position anderen Menschen gegenüber. Positionierung und Image, ist nach wie vor das Thema. Für die eigene Positionierung und dem daraus resultierenden Image, ist man selbst verantwortlich und niemand anderes. Wenn Sie das Thema näher interessiert, hierzu gibt es eine Hörkassette, mit dem gleichnamigen Titel. CD's und MP3 haben den Vorteil, dass man sie überall in der sogenannten mentalen Downzeit hören kann, wie z. B. beim Kochen, Bügeln, in der Badewanne, oder gerade auch beim Autofahren. Wo man sonst nichts weiter machen kann, außer fahren und vielleicht noch Radio hören oder eben sich weiterzubilden, was natürlich weitaus sinnvoller ist.

Irgendwann ist ausgespielt

Das dürfen Sie niemals vergessen. Oder wie der Volksmund treffend sagt „Irgendwann ist Schluss mit lustig“ es gibt kein ewiges Spiel. Was ist dann? „Das werde ich sehen“ kommt zur Antwort. Na wunderbar und dann ist die Panik, der Schreck und die Verzweiflung riesengroß.

Vorbeugen ist besser als heilen

Nach wie vor ist Vorbeugen die bessere Alternative, sich frühzeitig Gedanken um und über sein Leben zu machen. Es ist erstaunlich, um wie viele Dinge sich die Menschen Gedanken machen. Welcher Aufwand da betrieben wird, und das eigene Leben, das Wertvollste, kommt zu kurz. Das macht man nebenbei, ohne sich groß zu engagieren. Total erschrocken, wenn es anders kommt, wie gedacht.

Spielen Sie das große Spiel

Spielen Sie auf alle Fälle die Premiere und nicht wie so viele, die nach wie vor glauben, sich in der Generalprobe zu befinden. Nach dem Motto, die Premiere folgt noch. Deswegen liegen viele unerkannte Genies auf den Friedhöfen, die leider zeitlebens vergessen haben anzufangen, ihre Genialität zu leben, alles auf später verschoben haben. Schrecklich und grausam, eines Tages erkennen zu dürfen, dass es das gewesen ist. Die Zeit abgelaufen ist, nie wieder zurückkehrt, aus und vorbei für alle Zeiten.

Wieso so negativ

Werde ich öfters bei dieser Aussage gefragt. Das hat mit Negativität überhaupt nichts zu tun. Es geht ausschließlich um den Ablauf des Lebens,

„Sein, Werden und Vergehen!“

Das Dazwischen obliegt uns, ob wir daraus eine große Meisterleistung machen oder nicht. Ich hoffe für Sie, dass Sie aufwachen und nie mehr warten, auf dass die Situation von alleine besser wird. Ich gehe davon aus, dass Sie schon einige Tage auf dieser Erde weilen und um die Dinge Bescheid wissen. Dass die Zeit, welche vorbei ist, nie wieder zurückkommt. Nie und nimmer, was Sie verpasst haben, das war es dann. Schade, wenn Sie in diese Falle laufen.

Time to wake up

Zeit aufzuwachen, endgültig und für immer. Kennen Sie das Spiel der drei Affen „Nichts hören, sehen und sprechen“ das konnten wir als kleine Kinder spielen. Aber im Erwachsenenalter sollte das Spiel ausgespielt sein. Denn es funktioniert nicht mehr. Auch die Nummer von wegen „Wenn ich das alles gewusst hätte“ ja was wäre dann anders? Nicht zu wissen, schützt nicht vor dem Endergebnis, dass die Zeit abgelaufen ist. So steht es auch im Gesetzbuch, dass Unwissenheit nicht vor Strafe schützt.

Ihre Erwartungshaltung

Ich erwarte dies und jenes und wehe wenn nicht, dann. Diese ewigen Erwartungen machen einen krank und die anderen dazu. Denn wer erwartet, tut dies vehement kund. Man macht dem anderen Vorwürfe und teilweise sogar Dramen.

Ohne Erwartungen leben Sie ruhiger

Ist das nicht wundervoll, Sie leben ohne Ihre Erwartungen wesentlich besser und zufriedener. Sollten Sie welche haben, obliegt es Ihnen diese zu kommunizieren und nicht nur in der Hoffnung zu leben. Hoffnung macht auf Dauer krank, alle Beteiligten langfristig fertig.

Wahrheit und Klarheit

Sich selbst und den anderen gegenüber. Dadurch weiß jeder, was Sache ist und kann sich darauf einstellen. Fairplay nennt man das Kind auch. Aber da muss ich wissen, was ich genau wissen will und was nicht. Sie können erkennen, es geht einfach nicht ohne, sich mit sich selbst zu beschäftigen. Es führt kein Weg daran vorbei und es holt einem immer wieder ein.

Es gibt ein Buch über Erwartungshaltung und deren Auswirkung

Wenn Sie das Thema interessiert und Sie zu den 98% der Menschen gehören, die von einer Erwartung in die nächste Enttäuschung rutschen, ist es an der Zeit, die Dinge zu durchleuchten und in die eigene Hand zu nehmen. Sich immer wieder zu enttäuschen, ist wahrlich nicht lustig und lebensbejahend.

Schützen Sie Ihre Seele

Das ist Ihre Aufgabe, Sie selbst sind für die eigene Seele zuständig. Das kann Ihnen kein anderer abnehmen. Toll, oder? Genau das ist der Störfaktor, wo viele lieber für nichts so richtig zuständig sind und alle anderen müssten. Wahnsinn, sich selbst dermaßen zu belügen und sich um ein schönes, glückliches und harmonisches Leben zu bringen.

Frauen sind prädestiniert dafür

Meistens die Frauen erwarten häufig zu viel von ihren Männern und die kapieren es einfach nicht. Männer sind oft richtig gut darin, Anspruchsvolles einfach auszublenden. Würde sich jeder ein wenig mehr mit dem anderen befassen, wüsste man, dass beide dermaßen unterschiedlich gestrickt sind, dass das nie und nimmer funktionieren kann. Ohne das sie es kommunizieren, kann es nichts werden. Und kommunizieren heißt noch lange nicht, dass der andere es verstanden hat. Sollte er es sofort verstanden haben, heißt das aber noch nicht, dass er es so macht, wie gewünscht. Das muss man doch der menschlichen Freiheit überlassen.

Suchen Sie nie mehr nach Problemen

Viele leben nur in Problemen und sollten sie tatsächlich keines finden, wird so lange danach gesucht, bis wieder eines vorhanden ist. Man kann natürlich aus allem und jedem ein Problem oder sogar ein Drama machen. Je nachdem was ich gerne habe und ob ich mich darin verlustiere.

Viele lieben Probleme

So scheint es zumindest nach außen zu wirken. Ohne es nicht zu lassen, darüber entsprechend sofort zu lamentieren. Das ist doch traumhaft, finden Sie nicht? Ohne Probleme können diese Menschen nicht leben. Denn ihnen würde der Lebensinhalt fehlen, was sollten sie denn sonst mit ihrer Zeit machen? Es würde keinen Gesprächsstoff geben, um mit anderen Menschen auf entsprechendem Niveau zu kommunizieren.

Wenn Sie es lieben, dürfen Sie es nicht ändern

Was man liebt, darf man natürlich nie ändern. Das wäre ja Wahnsinn, wenn man so etwas machen würde. Man bringt sich dabei um die eigene Freude des Lebens. Nur eines ist wichtig, dass Sie das auch so nach außen kommunizieren, in dem Sie klipp und klar Ihren Nahestehenden sagen „Ich liebe Probleme über alles!" Dann weiß das jeder und wenn Sie die Leute noch mit dem Gejammere verschonen, sind Sie wirklich ein großartiger Mensch. Dem man mit Hochachtung gegenübertritt, weil Sie voll und ganz mitten im Leben stehen, davon gibt es wenige.

Wenn Probleme Sie belasten

Das könnte natürlich auch sein, dass Sie an Problemen keine Freude empfinden, dann arbeiten Sie mit Lösungen. Suchen Sie nach Lösungen, denn in jedem Problem ist zugleich die Lösung enthalten. Es gibt keine Probleme, ohne deren implementierten Lösungen. Aber solange wir lieber über das Problem sprechen, darin baden, es jedem erzählen und dann das Ganze mit den Kommentaren der anderen verstärken, kommt es nie und nimmer zu einer Lösung. Im Gegenteil, es wird nur zusätzlich und unnötig weiter verstärkt.

Suchen Sie nach Lösungen

Lösungen liegen bekanntlich nahe, sie liegen im Problem vergraben, versteckt und warten darauf aufgedeckt zu werden. Nur wir sind leider dermaßen verblendet, dass wir das nicht sehen können. Dann hat es etwas damit zu tun, wie Ihre Vorbilder mit Problemen umgegangen sind. Da diese höchstwahrscheinlich zu der Dramaform tendiert haben oder noch tun, ist es eine Selbstverständlichkeit, dass Sie nichts anderes kennen. Folglich treten Sie genauso in die Fußstapfen Ihrer Vorgänger, Freunde und Bekannte. Es ist natürlich wichtig, dass solche Rituale nicht verloren gehen. Also lässt man sie lieber bei jeder sich bietenden Gelegenheit aufblühen.

Suchen Sie so lange, bis Sie die Lösung haben

Denken Sie daran, wer aufgibt, hat bereits verloren. Fragen Sie nie wieder andere Menschen. Denn diese wissen es auch nicht und sind in der Regel nicht bemüht, Ihnen Schützenhilfe zu geben, wozu denn auch? Eine gewisse Schadenfreude sei einem immer gewiss, sogar aus den eigenen Reihen. Denn so haben die eigenen Leute ihre große Genugtuung Ihnen sagen zu können „Siehst du, ich habe es dir gleich gesagt. Wer nicht hören will, muss fühlen!“ und weitere dumme Sprüche. Kennen Sie das auch? Bestimmt, es ist die intime Frechheit der Nahestehenden, sich dieses Recht herauszunehmen und dies immer wieder. Igitt, wenn man so arbeiten muss, um andere klein zu halten. Und wenn es gar nicht böse gemeint ist, so ist es doch oft so, dass auch Ihre Freunde Sie lieber auf der selben Ebene halten möchten, als Alibi für ihr eigenes „Stehenbleiben".

Fragen Sie Ihren Coach

Ich hoffe, dass Sie einen erfolgreichen Coach an Ihrer Seite haben. Jemand der mit beiden Füßen im Leben steht und viel erreicht hat. Die schlechtesten Berater sind immer die eigenen Leute. Denn die haben oft keine Ahnung und setzen in Ihnen dann mit Vorliebe ihr eigenes Lebensdrama um, das tut Ihnen nicht gut. Wenn Sie das nicht glauben, überprüfen Sie es einfach. Bei sich selbst werden Sie es, je nachdem wie Sie gelagert sind, kaum entdecken. Bei anderen ist das jedoch kein Problem. Studieren Sie die Menschen und Sie werden Parallelen entdecken.

Modelling of excellent

Lernen Sie von Erfolgreichen, von wem denn sonst. Das andere haben Sie ja bereits gehabt. Also ist es witzlos, dort nachzuhaken. Denn da würden Sie eh nur das gleiche Resultat erzielen. Da es nicht so viele Erfolgreiche gibt, muss man eben ein wenig länger suchen. Legen Sie ein großes Durchhaltevermögen an den Tag und Sie werden es in Griff bekommen.

Sie sind der Schöpfer Ihres Lebens

Wow, was für eine schöne Aussage. Ist das nicht toll, Sie höchstpersönlich ob männlich oder weiblich, haben es in Ihrer Hand. Wiederholung, ich weiß und dennoch verstehen es die meisten nicht, das ist schade und traurig. Viele glauben nach wie vor, dass sie von irgendwelchen fremden Dingen abhängig sind und ihr Leben nicht selbst steuern können.

Falsche Einstellung zum Leben

Das ist fatal, wenn man eine negierende Einstellung zu seinem Leben hat, schon gerne würde, aber, aber, aber.................! So bringt man sich selbst um wertvolle Erfahrungen. Das ist schade und vor allem traurig, da das Leben das Wertvollste ist, was wir haben. Leider, leider ein Verdienst der ganzen Chaoten, die uns erzogen haben. Natürlich gab es auch ein paar Positive und Lebensbejahende darunter, die kann man meistens an einer Hand abzählen.

Sie können jeden Tag Ihr Leben neu schöpfen

Das ist eine klare Botschaft, mit großer Tragweite. Ich hoffe, dass Sie diese erfassen können und direkt an die Umsetzung gehen. Sie können von einer Minute zur anderen klare Entscheidungen treffen und Ihr Leben in die Richtung lenken, die Sie schon lange interessiert. Wenn nicht jetzt, wann dann? Aber nein, der Mensch tendiert lieber dazu zu warten und nochmals zu warten, bis irgendwann die Lebenszeit abgelaufen ist.

Wie kann man nur so mit sich umgehen

Diese Frage sollte man sich echt stellen. Wieso geht man derart mit sich um? Ist man sich nicht mehr wert? Ist es nicht ein Traum, dass wir die einzigen Lebewesen mit der Möglichkeit sind, freie Entscheidungen fällen zu können. Ich finde es wundervoll und zugleich erschreckend, wie wenig Menschen diese Chance für sich nutzen. Da ist man lieber blockiert und harrt wie das Kaninchen vor der Schlange auf die Dinge, die da kommen werden.

Packen Sie es an

Ja, packen Sie es wirklich an. Wenn Sie es nicht schaffen, holen Sie sich einen Erfolgscoach, der Ihnen dabei helfen kann. Natürlich kostet das Geld und genau da erlebe ich es häufig, sind die meisten zu geizig. Ein neues Auto zu kaufen, das ist kein Problem. Genauso wenig wie in Urlaub fahren, neue Klamotten und sonstige Ausgaben. Dabei ist die Investition in sich selbst, die Wichtigste und Wertvollste.

Bauen Sie sich ein Netzwerk an Poleis auf

Schauen Sie sich all die Menschen an, welche Sie um sich herum gruppiert haben. Was sind das für Typen? Lauter aufgestellte, nette und positive Menschen? Oder gehören diese eher zu der anderen Gruppe, der Jammerer, Zauderer und Negativis? Betrachten Sie die Beurteilung realistisch.

Seien Sie bitte ehrlich

Es nützt bei der Aufzeichnung nichts, wenn Sie schummeln. Das sollten Sie sich für alle Zeiten schenken. Haben Sie das nicht schon oft genug in Ihrem Leben getan? Ich denke doch, auch wenn Sie es jetzt gleich auf die Schnelle am liebsten verneinen würden. Aber was bringt Ihnen das Ganze? Wahrheit und Klarheit ist die Devise, alles andere zählt wahrhaftig nicht. Das können Sie sich ein für alle Mal schenken.

Wieso sieht es so aus

Weil Sie sich darüber noch nie Gedanken gemacht haben, es für Sie irgendwie normal war und ist. Es handelt sich um die Macht der Gewohnheit. Kein sehr gutes und lustiges Unterfangen, aber so leben die Menschen. Man lebt Tag für Tag, fühlt sich teilweise nicht glücklich und trotzdem macht man im gleichen Trott weiter. Schließlich hat man ja seine Leidensgenossen. Man kann sich gegenseitig austauschen, bemitleiden und dann geht es wieder für einige Runden. Aber ist das wirklich das Leben, von welchem Sie immer geträumt haben, das erstrebenswert für Sie war? Ich kann es mir nicht vorstellen.

Wen müssten Sie schon längstens entlassen

Komische Aussage oder? Genau um das geht es jedoch. Es gibt einige wenige Menschen, die geben Ihnen unendlich viel, sind eine große Bereicherung für Ihr Leben. Dann gibt es den Rest, der ist genau das Gegenteil, dieser kostet unendlich Energie. Das ist die Bilanz, was ist zu tun? Das hängt natürlich von Ihnen und Ihren Zielsetzungen ab. Frage ist, wo wollen Sie hin, was wollen Sie erreichen, wie darf Ihr Leben aussehen und letztlich, mit wem, ab wann und wo fühlen Sie sich richtig wohl und glücklich? Ab wann sind Sie im Flow, in der Leichtigkeit des Seins?

Es ist Zeit „Adios" zu sagen

Es ist wirklich allerhöchste Zeit, manche Leute zu verabschieden. Ich weiß, was einige von Ihnen jetzt denken, das kann man fast nicht machen. Doch, man kann es, wenn man weiß, was man tatsächlich will. Auch ich stand schon oft vor dieser Entscheidungsfrage. Was bringt es mir, bereichert es mich, bin ich glücklich dabei? Oder kostet es nur meine Lebensenergie und vor allem meine wertvolle Zeit? Sie wissen doch, dass unsere Lebensuhr läuft und läuft. Jede Stunde, die vorbei ist, kommt niemals wieder. Aus und vorbei, unter Umständen sogar verloren, wenn wir daraus nichts machen.

Es tut weh

Das ist so ein Kapitel, sich von alten Gewohnheiten zu trennen. Es ist nicht immer leicht und fällt zum Teil manchmal richtig schwer. Es ist zu einem Teil von unserem Leben geworden. Aber wenn Sie eine Änderung herbeiführen möchten, müssen Sie diese einleiten. Sie dürfen niemals erwarten, dass sich die Dinge von selbst erledigen. Das ist der große Wunschtraum der Menschheit, ohne das eigene Zutun viel zu erreichen und zu besitzen. Vergessen Sie es, ohne Ihren Einsatz und Ihr eisernes Durchhaltevermögen wird es nichts werden.

Sie müssen klar werden

Es ist Ihr Thema, je klarer Sie sind, je mehr Sie wissen was Sie wollen, desto erfolgreicher sind Sie. Dazu gehört auch, dass man sich von manchen Dingen und Menschen verabschiedet, auch wenn es schwerfällt. Was nichts bringt, nur noch wertvolle Energie kostet, davon sollten Sie sich unbedingt lösen. Und wenn Sie jetzt denken und glauben, dass sich das nicht gehört, man das nicht tut, machen Sie so weiter wie bisher. Da wird sich aber schlussendlich nichts ändern. Nur hören Sie dann endlich auf zu jammern und zu klagen, stehen Sie hundertprozentig zu Ihrer Entscheidung. Somit ist es für Sie und Ihr Umfeld vollkommen in Ordnung.

Überprüfen Sie dringend Ihre Glaubenssätze

Wie schaut es mit Ihren Glaubenssätzen aus? Bestimmt eine riesen Katastrophe, oder? Wenn Sie jetzt behaupten, dass Ihre Glaubenssätze vollkommen in Ordnung sind, muss es sich wohl um eine weitere Lebenslüge handeln. Vielleicht ist es ja auch Ihr Leben, Ihre Passion, derart durch das Leben zu wandeln?

Ich bin okay, aber die anderen

Das finde ich amüsant, wie manche, um nicht zu sagen die meisten Leute, durchs Leben wandeln. Sie selbst sind ja hundertprozentig in Ordnung, aber die anderen, an denen muss es liegen. Denn ohne diese würde es einem um einiges besser gehen, würde das Leben erleichtern. Kennen Sie auch so einen Schwachsinn? Bestimmt und wissen Sie was, es ist nur lächerlich.

Sind Sie glücklich

„Es geht, manchmal, öfters, meistens, gar nicht!“ Das sind die Aussagen, auf diese Frage. Wenn Sie nicht zu 100% sagen können, dass Sie glücklich sind, stimmt etwas mit Ihren Glaubenssätzen nicht. Denn würden Sie hier im Lot sein, hätten Sie keine einzigen Blockaden, die Sie daran hindern, endlich Ihr Leben zu leben, wie Sie es sich vorstellen. Außer Sie sind ein kleiner oder vielleicht sogar großer Masochist. Dann lieben Sie es, sich selbst zu quälen. Ich darf und gehe jedoch davon aus, dass dem nicht so ist.

Glücklich, zufrieden und alles haben

Das sind die drei wichtigen Punkte. Sie leben Ihr Leben voll und ganz, was Sie sich wünschen, besitzen Sie. Ist das nicht wundervoll? „So etwas gibt es nicht!“ Richtig, Sie haben aus Ihrer Sicht wieder einmal völlig recht. Genau das meine ich mit Ihren Glaubenssätzen. Es sind Ihre inneren Stimmen, die permanent solchen Schwachsinn rauslassen. Dabei sind Sie der Ohnmächtige, der solch einen Blödsinn glaubt und sich danach richtet.

Wehren Sie sich

Wehren Sie sich, wachen Sie endlich auf, wenn Ihnen Ihr Leben wirklich etwas wert ist. Wenn nicht, werden Sie die paar Jährchen ja noch rumkriegen. Meinen Sie nicht auch? Ganz bestimmt, und Sie brauchen sich nicht einmal Sorgen zu machen. Denn Sie haben damals bei Ihrer Geburt, gleich einen Abholzettel mitbekommen auf dem stand „Mache dir keine Sorgen – wir holen dich wieder ab!“ Ist das nicht ein Traum?

Glaubenssätze, die Hinderungsgründe hoch zwei

Nichts, aber gar nichts hindert mehr, als die eigenen Glaubenssätze, die jeder Mensch im Laufe seines Lebens gesammelt hat. Tägliche Wiederholungen und Verstärkungen lassen es zur eigenen Wahrheit werden. Bitte nein, bitte wachen Sie endgültig auf. Überwinden Sie die Blockaden verursachenden Glaubenssätze. Sie könnten in Ihrem Leben bereits weiter sein, schuld sind ausschließlich Sie, weil Sie es nicht für nötig erachten, genau da anzusetzen. Vielleicht wissen Sie es nicht, gehören zu den Ängstlichen oder sogar Ignoranten.

Wenn Sie das Thema interessiert

Diese paar Zeilen reichen bei Weitem nicht aus, das Thema intensiv anzugehen. Geschweige denn Veränderungen für ein besseres und vor allem glückliches, selbstbestimmtes Leben nachhaltig einzuleiten. Wenn es Sie interessiert und Sie ernsthaft daran arbeiten möchten, kaufen Sie sich das Buch „Wirf endlich Deine Dich blockierenden Glaubenssätze über Bord!“

Was machen Sie mit dem Rest Ihres Lebens

„Tja, wenn ich das wüsste, ginge es mir besser." Alles klar, dann warten Sie halt ein wenig ab. Vielleicht wissen Sie es ja eines Tages, was ablaufen soll und wenn nicht, ist es nicht tragisch. Folglich machen Sie keinen unnötigen Stress, dieser schadet Ihnen nur. Das Leben ist zu schade, um sich mit solch unmöglichen Dingen zu befassen. Hört sich doch gut an, finden Sie nicht auch? Genau so laufen die meisten Menschen durch ihr Leben. Und wissen Sie, was das Verrückte daran ist, es holt einem immer wieder ein, das kennen Sie sicherlich aus eigener Erfahrung.

Mal sehen

Was wollen Sie denn sehen? "Mal sehen, wie es wird, das weiß ich doch jetzt noch nicht. Es kommt so, wie es kommt und dann sehe ich es früh genug." Merken Sie was, schon wieder haben wir diese bescheuerten Glaubenssätze in uns. Das Schlimme daran ist, dass wir den Mist noch glauben. Je öfter es sich wiederholt, desto mehr glauben wir es selbst.

Erstens kommt es anders, und zweitens als man denkt

Auch diese Floskel kennen Sie mit hundertprozentiger Sicherheit. Ein klares Indiz, dass diese nie und nimmer von einem erfolgreichen Menschen stammen kann. Denn diese Leute kommen ohne klare Zielsetzungen und den daraus resultierenden Planungen nicht aus. Nur Otto-Normalbürger glaubt solche Dinge, ich kenne das auch zur Genüge. Ich höre exakt diesen Satz häufig auf meinen Schulungen und beim Coaching. Dies nenne ich auch gerne die selbsterfüllenden Prophezeiungen. Woran ich fest glaube, wird sich manifestieren und letztlich erfüllen. Ist das nicht wunderbar und dann kannst du zum Schluss wiederum sagen „Ich habe es doch gewusst!“

Sie sollten wissen, was Sie mit dem Rest Ihres Lebens machen

Haargenau sollte es für Sie klar sein, bis auf das kleinste I-Tüpfelchen. Je genauer, desto besser und daraus glücklich und zufrieden machend. Das hat nichts mit Schicksal zu tun, Glück oder Zufall. Es ist klares Können und das will erarbeitet werden. Auch hier meine Botschaft an Sie, aufwachen und Gas geben, denn morgen könnte es bereits schon zu Ende sein.

Im Alter alleine, einsam und in der Altersarmut

Dieses Thema anzugehen, ist mir ein großes Anliegen. Denn fast alle Menschen verschließen Ihre Augen vor der Tatsache. Darauf angesprochen meinen diese dann, was soll ich mir heute schon darüber Sorgen und Gedanken machen, dazu habe ich keine Zeit. Wenn es soweit ist, erschrecken die Menschen und sind völlig schockiert, weil erstens das Alter da ist, die Gesundheit oft nicht mehr mitspielt und die Altersarmut hinzu kommt.

Das dauert noch

Na klar dauert alles seine Zeit. Wenn Sie jedoch schon einige Zeit auf Erden sind, wissen Sie auch, wie schnell die Zeit bisher vergangen ist. Blicken Sie einmal kurz zurück, wo sind denn die letzten fünf Jahre geblieben? Oder sogar zehn oder zwanzig Jahre? Weg, einfach nur weg und genau so schnell wird es auch in Zukunft gehen. Bevor Sie sich richtig umgeschaut haben, sind Sie alt oder älter, und dann?

Mal sehen, wenn es soweit ist

Das ist die einfachste Methode, sich vorher überhaupt keine Gedanken zu machen, dann aber im Alter die Panik zu bekommen und ohne Ende zu jammern. Das scheint für die meisten, die große Devise zu sein. Nur was bringt es bitte? Ändert es etwas an der Situation? Gar nichts, denn wenn Sie alt sind, wie wollen Sie da noch die Kurve bekommen?

Viele verschieben alles auf später

Wie oft höre ich, die paar Jahre halte ich noch durch, und wenn ich in Rente bin, fange ich an mein Leben zu genießen. Wie soll das bitte funktionieren? Im Schnitt 65 Jahre lang war es nicht möglich, das Leben zu genießen und jetzt soll es plötzlich über Nacht gehen? Nie und nimmer, denn das Leben sollte man Tag für Tag genießen und nicht erst ab einem bestimmten Datum. Sie werden es nicht können, außer Sie gehören zu den rühmlichen Ausnahmetalenten, welche da nochmals die Kurve bekommen. Nur sich auf ein Wunder zu verlassen, das wäre wie mit zugebundenen Augen Auto zu fahren.

Altersarmut auf dem Vormarsch

Mit riesigen Schritten nähern sich immer mehr Menschen der Altersarmut. Viele verlassen sich zeitlebens auf Vater Staat und merken im Alter, dass sie buchstäblich verlassen sind. Und dann, ja was ist dann? Was machen sie „Das sehe ich dann!" So eine dumme und infantile Aussage. Gar nichts werden sie tun, sie werden jammern, jammern und nochmals jammern. Einige arbeiten einfach weiter bis zum geht nicht mehr, um die Rente aufzubessern. Kann das Ihr Leben sein? Es wird Sie einholen, vielleicht werden Sie eines Tages an mich denken.

Vorbeugen ist besser

Vorbeugen ist immer der Königsweg. Sorgen Sie in jungen Jahren dafür, dass Sie an das Alter denken und entsprechende Schritte einleiten, sich gut absichern. Es geht nicht nur um die finanzielle Situation, sondern auch um Ihre Gesundheit und einige weitere Punkte. Denken Sie unbedingt daran, Zusatzversicherungen für eine Privatbehandlung im Krankheitsfall abzuschließen, das ist heute von großer Wichtigkeit.

Ich bin alleine

Nun denn, wer im Alter alleine ist, hat wohl einige Fehler gemacht. Es ist natürlich sinnvoller frühzeitig Sorge zu tragen, sich einen Freundes- und Bekanntenkreis aufzubauen und diesen zu pflegen. Wenn ich das den Leuten sage, kommt oft „Die sind mir alle zu blöd!“ Kann ich sehr gut verstehen, und wenn Sie in den Spiegel schauen, sehen Sie den Allerblödesten. Nett oder? Vielleicht finden Sie es jetzt frech, das macht nichts. Wir leben alle in einer Gesellschaft und nicht auf einer einsamen Insel. Es gibt so viele Institutionen und Einrichtungen, wo man Bekanntschaften schließen kann. Man muss sich nur auf den Weg machen, nicht wie viele einsam zu Hause sitzen und warten, dass hoffentlich endlich jemand vorbeikommt und klingelt, da wartet man leider vergebens.

Tue anderen Menschen Gutes

Das ist eine weitere Botschaft von mir für die Einsamen. Leider tendieren viele nur zum Nehmer und sind nicht bereit, von sich aus etwas in das Leben hineinzugeben. Fatal, solch eine Einstellung, denn bevor man etwas erhält, muss man etwas geben. Aussaat und Ernte, ein Bauer kann auch nicht vor der Aussaat ernten. Folglich gebe ich zuerst und werde auch bekommen. Genau hier sagen die Unglücklichen „Ich bin doch nicht blöd und gebe den anderen etwas, wozu denn? Die geben mir auch nichts!“ Schlimme Einstellung und das Endresultat kennen wir ja bereits zur Genüge. Menschen mit solch einer verschrobenen und teilweise sogar verbitterten Einstellung sind allseits sehr beliebt und werden gemieden.

Jeder ist seines Glückes Schmied

So simpel ist die Botschaft. Jeder ist für sein Leben höchstpersönlich verantwortlich. Es gibt nichts zu beklagen, Sie halten nur das Resultat Ihrer vorausgegangenen Taten in den Händen. Folglich hören Sie bitte auf, ohne Punkt und Komma zu klagen und zu jammern. Das ist eine Frechheit und völlig daneben, werden Sie endlich aktiv, dadurch geht es Ihnen sofort besser. Oder jammern und klagen Sie in Ihrem stillen Kämmerlein weiter, ohne andere zu belästigen.

So kann man doch mit Menschen nicht reden

Doch das kann man sehr wohl, denn wer andere mit den Jammerarien belästigt, quält und energetisch herunterzieht, wird es nicht anders verstehen. Vor solchen Menschen sollte man sich wahrhaftig schützen. Wenn Sie das nicht tun, sind Sie selbst schuld, denn Sie bieten diesen Jammertanten und -onkels eine wunderbare Plattform, ihr Spiel aufzuführen. Die haben eine perfekte Bühne für ihre Machenschaften. Würden Sie es jedoch unverzüglich beenden, hätten diese Herrschaften augenblicklich nicht mehr das von ihnen so sehr benötigte Publikum.

Verbiestert und verknöchert

Sie haben die Wahl, wie möchten Sie gerne sein? Lustig, fröhlich, ausgeglichen oder verbiestert, verbittert und streitsüchtig? Ich weiß, es kommt darauf an und im Grunde genommen sind Sie ja sowieso ganz anders, aber was die anderen mit Ihnen gemacht haben, ist einfach unglaublich. Alles Blödsinn, nicht die anderen sind schuld und haben sich zu ändern. Sie sind das alleinige Problem und absolut niemand anderes.

Nun, wie möchten Sie denn sein

Wie sind Sie bereits? Wenn Sie sich kurz beurteilen, was für ein Typ Mensch sind Sie? Ein harmonischer, zufriedener, in sich ruhender Mensch oder eher das krasse Gegenteil davon? Durch welche Vorkommnisse sind Sie so geworden, wie Sie sind? Ich weiß, die anderen sind daran schuld, Ihr Umfeld, aber genau das wollen wir doch nicht mehr.

Was ich alles mitgemacht habe

Kennen Sie diese Aussage, sicherlich und wie genial diese doch ist. Sie sagen es selbst, Sie haben mitgemacht, aus freien Stücken ohne Druck. Oder wurden Sie damals zwangsverheiratet? In unseren Breitengraden wohl eher nicht. Zum guten Glück, finden Sie nicht auch? Also wer ist schuld, dass Sie geheiratet haben? Meinen Sie, wir finden einen Verantwortlichen? Vielleicht Ihr Vater, Ihre Mutter oder die Schwiegereltern, weil diese so lieb waren? Vielleicht auch der Freundeskreis, denken Sie einmal intensiv darüber nach. Genauso bei Ihrem Beruf, wer hat Sie da gezwungen, diesen Beruf zu lernen und weiterhin auszuüben? Haben Sie auch hier sofort einen Schuldigen parat?

Sie haben die Wahl

Sie haben die Wahl, was aus Ihnen werden soll, wird und geworden ist. Traumhaft, finden Sie nicht auch? Betrachten Sie sich bitte sofort einmal im Spiegel. Wer schaut Ihnen da entgegen? Jemand nettes, harmonisches, zufriedenes, mit ebenmäßigen Gesichtszügen? Oder eher ein verbiestertes, verbittertes, sorgenvolles Gesicht voller Zornesfalten? Ich denke mir, dass der eine oder andere dazu gerade keine Lust hat. Das ist sehr schade, tun Sie es und schauen Sie sich objektiv an. Hätten Sie Freude, mit solch einem Menschen in Kontakt zu stehen? Würde Sie das glücklich machen oder würden Sie solche Typen eher meiden?

Wehren und schützen Sie sich

Nun ein paar Worte für die armen Menschen, die es mit solchen Negativis zu tun haben. Diese Personen um sich zu haben, die nur am Jammern und Lamentieren sind, das ist furchtbar, kostet unnötig Kraft und Energie, welche man für Wichtigeres benötigt. Sie können einem richtig leidtun, finden Sie nicht auch?

Nein, sie sind selbst schuld

Oh Mann, damit haben Sie jetzt bestimmt nicht gerechnet. Wieso sollten sie einem leidtun? Da gibt es überhaupt keinen Grund dazu, sie sind selbst schuld daran. Wieso sind Sie noch mit diesen Menschen zusammen, verbringen Ihre Zeit mit ihnen, wer zwingt Sie dazu? Wer bietet diesen Spezialisten eine solche Plattform, dass diese sich ausleben können, doch nur Sie.

Was soll ich machen

Das werde ich oft gefragt, die Antwort ist simpel, und weil sie so einfach ist, machen es die meisten lieber nicht. Denn es könnte ja ein wenig unbequem werden und im Übrigen, Sie kennen es ja bereits, tut man das nicht, da haben Sie natürlich vollkommen recht. Wie kann ich nur solche komischen Gedanken hegen? Folglich machen wir lieber das Spiel mit und hoffen, hoffen aufs Neue, dass sich die Dinge eines Tages vielleicht doch noch zum Guten wenden werden. Vielleicht wäre es ja ganz geschickt, wir würden am besten gleich selbst mitmachen.

Canceln und eliminieren, ist die Botschaft

Das hört sich aber krass an, finden Sie nicht auch. Gut, ich muss ein wenig den Bogen überspannen, sonst wäre das Ganze ja total unterhalb Ihrer Wahrnehmungsschwelle und ich hätte mit dem Buch überhaupt nichts erreicht. Das wäre fatal für mich, ich mache mir eine riesige Arbeit, schreibe und schreibe Buchstabe für Buchstabe, und Sie würden nichts verstehen, geschweige denn davon umsetzen können.

Schwierig, wenn es aus den eigenen Reihen kommt

Es gibt genügend Beispiele, und sei es die über alles geliebte Mutter, wenn sie es liebt, in ihrer Theatralik zu leben und von ihren unzähligen Wehwehchen zu berichten. Wie schlimm, wie schrecklich und überhaupt. Immer nahe am Rande des Zusammenbruchs und letztlich des Hoffens meinerseits, es möge doch gut gehen. Jahrzehntelang habe ich benötigt, die Geschichte hinter der Geschichte zu erkennen und es als das zu verstehen, was es ist.

Gewohnheit, reines Theater und alle spielten mit. Mein Vater, meine Schwester, ich und unsere jeweiligen Lebenspartner. Das lässt sich leicht feststellen, wenn es einem Jammerer sooo schlecht geht, einfach fragen, ob man sofort den Notarzt rufen soll und siehe da, so schlimm ist es gar nicht gewesen, dadurch habe auch ich dazu gelernt. Ich biete einfach keine Plattform und Möglichkeit mehr für solche Theaterstücke. Auch meine geliebte Mutter weiß, dass ich kein Partner für diese Spielchen bin und ich habe dadurch meine Ruhe und meinen Frieden gefunden.

So gibt es manche Geschichtchen

Es würde das Buch sprengen, um weitere solche Geschichten zu erzählen. Ich denke, Sie kennen sicherlich die eine oder andere zur Genüge. Traurig und fatal, was da abgeht, Theater ohne Ende. Sie sind aber nicht gezwungen, das Theater mitzuspielen. Beenden Sie diese Vorstellung heute noch und Ihnen wird es tausendmal besser gehen.

Sie müssen sich schützen

Das ist Ihre Aufgabe, außer Sie lieben solche Inszenierungen und mischen da kräftig mit, dann ist es natürlich eine total andere Situation. Gründen Sie am besten einen Verein oder Club, der örtlichen Jammerer. Dort treffen Sie sich regelmäßig und lästern so richtig nach Herzenslust ab. Viel Spaß dabei und tun Sie es, das ist mein völliger Ernst.

Sie sind nicht jedermanns Liebling

Hier noch eine kleine Botschaft, vielleicht gehören Sie und das tun vor allem Frauen sehr gerne, zu den Menschen, die

„Everybodys Darling"

sein möchten, dadurch aber zugleich in die Falle laufen, des

„Everybodys Depp!"

Möchten Sie das tatsächlich sein, ich glaube nicht. Es ist Ihre freie Entscheidung. Ich hoffe Sie können erkennen, über wie viel Freiheit Sie verfügen.

Haben Sie Mut

Haben Sie Mut, Ihr Leben hundertprozentig in Ihre eigenen Hände zu nehmen. Nie wieder der Spielball für andere zu sein. Ihr Hauptwort muss unbedingt lauten „NEIN!“ Dieses Wort muss zu Ihrem wahren Freund werden. Nein, nein und nochmals nein, damit und dadurch leben Sie wesentlich ruhiger und friedlicher. Ihr Leben erhält eine total andere Ausgangsbasis und Qualität.

Lernen Sie es wieder

Holen Sie sich den Mut wieder zurück. Für mich sind kleine Kinder faszinierend und absolut großartig. Klasse, wie viel Mut sie an den Tag legen. Für sie gibt es kein „Wenn und Aber.“ Sie probieren alles aus, ohne Ängste, sind nicht voreingenommen. Bis dann die klugen Eltern sich einmischen und ihre Kinder mit den eigenen Ängsten und Verboten überschütten. Das ist nicht fair, denn dadurch verlieren die Kinder ihren Mut.

Sie waren so mutig

Vielleicht erinnern Sie sich ja noch, wie unendlich mutig Sie einmal waren, überhaupt keine Angst hatten. Alles schien für Sie im Bereich des Machbaren zu liegen. Welche Powerzeit lag da vor Ihnen. No Limits war Ihre Devise und was ist letztlich aus Ihnen geworden? Ein leicht verängstigter Mensch, mit manchmal zu wenig Persönlichkeit, vor lauter Angst irgendwo anecken zu können. Sie haben sich zu sehr angepasst, das ist nicht gut. Gehen Sie zurück, versetzen Sie sich in die Zeit, wo Sie niemand stoppen konnte. Fühlen Sie nach, wie es damals war, wie viel Kraft und Energie Sie dadurch hatten.

Tun Sie es einfach

Ja, tun Sie es wieder, wie die Amis treffend sagen „Just do it!“ Wo der Deutsche, der Schweizer und viele andere sagen „Schauen wir mal, warten wir mal“ und weiteren Schwachsinn. Auf was wollen Sie warten und schauen, dass die Zeit besser wird? Die Zeit war noch nie so gut wie gerade jetzt, also packen Sie es an.

Wer arm an Mut ist, landet in der Armut

Vergessen Sie diesen Ausspruch bitte nie. Wer arm an Mut ist, landet zwangsläufig in der Armut und kann es noch nicht einmal verhindern. Unglaublich, finden Sie nicht auch? Nun, vielleicht halten Sie das Ganze auch für hausgemachten Blödsinn, das macht nichts. Denken Sie in Ruhe über diese Aussage nach. Machen Sie sich ernsthaft Gedanken darüber.

Abschlusswort

Liebe Leser,

jetzt ist es Zeit, das Werk zu beenden. Unzählige Stunden war ich mit viel Spaß am Schreiben und am Gedanken machen. Vielen Dank an Sie, dass Sie so lange „mitgemacht“ und mich begleitet haben. Das freut mich natürlich sehr. Ich habe durch dieses Buch einige neue Freunde gewonnen, auch wenn ich sie noch nicht persönlich kenne. Das Gegenstück dazu sind natürlich einige Menschen, die mich für total unmöglich halten, frech und was weiß ich was alles noch. Auch das ist völlig in Ordnung für mich, wenn Sie mit meinen Gedanken und Ideen nicht konform gehen können. So ist nun einmal unser Leben, ich kann nicht für jeden das Passende schreiben. Gedanken, Ideen sind frei und ich hoffe sehr, dass dies für alle Zeiten so bleiben möge.

Wenn ein Buchwerk sich dem Ende zuneigt, wo ich mir viele Gedanken gemacht habe, was für Sie als Leser wichtig ist und was Ihnen am meisten bringt, herrscht eine große Freude und zugleich auch eine gewisse Traurigkeit in mir. Ich habe das Buch geschrieben, lektoriert und nochmals lektoriert, dann wurde es verlegt. Sie haben es gelesen und so werden wir jetzt auseinandergehen. Dabei habe ich immer ein lachendes und ein weinendes Auge.

Das Weinende, weil es zu Ende ist, das Lachende, weil sich Erfolgreiche im Leben wieder begegnen. Sei es auf einem Seminar, einer Ausbildung oder sonst wo. Irgendwo werden wir uns sicherlich treffen. Ich hoffe, dass Sie das eine oder andere mitnehmen konnten, in Ihr Leben integrieren. Eine große Meisterleistung an den Tag legen, dass Sie am Ende Ihres Lebens sagen können „Wow ich habe gelebt, hatte ein tolles, ereignisreiches Leben, super!“ Das war immer mein großes Ziel, so habe ich es mir gewünscht. Jetzt kann ich jederzeit in Frieden von dieser Erde gehen.

Ich wünsche Ihnen von Herzen alles alles Liebe und dass Sie Ihr Leben so leben, dass es für Sie passt, Sie wirklich glücklich sind und Ihr Leben in Ihre eigenen Hände nehmen.

In diesem Sinne

ganz ganz herzlich

Ihr Ernst Crameri

Meine und unsere Dienstleistungen

Da ich der Meinung bin, dass das Leben spannend und aufregend ist, habe ich mich nie mit einer einzigen Sache begnügt. Ich wollte immer wesentlich mehr tun und haben. Ein Mensch hat unendliche Fähigkeiten, darum gilt die Theorie von „Schuster bleib bei deinen Leisten“ schon lange nicht mehr. Vergessen Sie das, und man den erlernten Beruf beibehalten sollte, ist auch ein Ammenmärchen. Das Leben ist Vielseitigkeit und spannend, wenn wir etwas daraus machen. Deshalb freue ich mich sehr, Ihnen die verschiedensten Dienstleistungen zur Verfügung zu stellen. Gerne bin ich und mein Team für Sie da, um Ihnen die Wünsche von den Augen abzulesen, Sie zu verwöhnen und dazu beizutragen, dass Sie ein wundervolles Leben auf Erden führen können.

Hier die Dienstleistungen nach alphabetischer Reihenfolge
Wählen Sie aus dem großen Leistungsspektrum und fragen Sie nach den Konditionen. Gerne sind wir für Sie da und beantworten Ihnen alle Fragen, denn glückliche und begeisterte Kunden sind unser Ziel.

- Bücher schreiben
- Einzelbehandlungen (Fitness/Wellness/Schönheit)
- Erfolgsproduzent und –coachings
- Events
- Hoteltesting
- Hörbücher
- Mystery X Tests
- Naturkosmetik-Produkte
- Privat-Jet
- Reisen

- Schönheitsfarm
- Seminare
- Vorträge

Bücher schreiben

Sie erhalten von uns Bücher, zu den verschiedensten Themen, rund um das Leben. Ebenso bieten wir Ihnen das Ghostwriting an. Das heißt, wir schreiben für Sie Ihr Buch. Ganz wichtig für Unternehmer, denn ein eigenes Buch schafft eine wunderbare Reputation. Wenn Sie ein neues Produkt auf den Markt bringen, ist es ideal, wenn Sie das passende Buch dazu anbieten. Als Fachmann zeigen Sie durch ein eigenes Buch eine hohe soziale Kompetenz.

Unsere Kunden, die sich von der Masse der Mitbewerber abheben wollen und damit einen anderen Nimbus erhalten. **Ärzte,** die ihre spezielle Behandlung publizieren. **Hotels,** die über ihr Haus mit besonderen Eigenheiten berichten. **IT-Firmen,** die etwas Neues entwickelt haben und weitere Firmen, quer durch alle Branchen.

Wieso Ernst Crameri: Weil ich zurzeit bereits 62 Bücher geschrieben habe und weitere folgen. Weil ich weiß, wie es in der Branche abgeht, welche besonderen Kenntnisse erforderlich sind, ein Buch zu schreiben und zum Erfolg zu bringen.

Einzelbehandlungen (Fitness/Wellness/Schönheit)

Wir leben nur ein Mal und unseren Körper nennt man auch treffend den Tempel, in dem die Seele und der Geist wohnt. Damit der Organismus möglichst lange auf einem hohen Level funktioniert, ist es dringlich, dass wir ihn pflegen und für ihn da sind. Sie erhalten Behandlungen von Kopf bis Fuß. Von intensiver Massage, über fernöstliche Behandlungen und den verschiedensten Spezialanwendungen. Näheres auf der Webseite www.wellness-einzelbehandlungen.de.

Unsere Kunden sind Menschen, die mehr für sich tun wollen. Den Zeitgeist klar erkannt haben, wie wichtig es ist, dass man sich behandeln und pflegen lässt. Vom jungen Menschen, bis hin ins höchste Alter hinein. Männern wie Frauen, die sich verwöhnen lassen.

Wieso Ernst Crameri: Weil ich aufgrund der 37-jährigen Erfahrung einen riesigen Fundus an Wissen und Können mitbringe. Durch die Hotels weiß ich auch, wie und was läuft. Ein qualifiziertes Team an Behandlern wartet auf Sie.

Erfolgsproduzent – und coachings

Als Erfolgreicher ist eines wichtig, das Erfolgswissen weiter zu vermitteln und anderen Menschen zu helfen, zum Erfolg zu gelangen. Das ist in jeder Hinsicht eine wundervolle Aufgabe. Es gibt folgende Arten von Coachings, einmal vor Ort in den Firmen, dann am Telefon. Es geht mit täglichen und wöchentlichen Coachings los. Wenn eine Veränderung stattfinden soll, ist es dringlich, dass man dran bleibt. Denn die alten Gewohnheiten lassen sich nicht über Nacht über Bord werfen. Es ist stets ein längerer Prozess, ein Reifeprozess, der stattfindet.

Wer sind die Kunden, von kleinen Kindern bis hin ins höchste Alter. Es sind Menschen, die etwas in ihrem Leben verändern möchten. Für die es in dieser Art nicht mehr weiter gehen kann. Wichtig dabei ist der klare, eiserne Wille, der Veränderung. Von Einzelpersonen aus allen Schichten und Berufszweigen, bis hin zu großen Firmen.

Wieso Ernst Crameri: Weil ich weiß, wie man aus Menschen Spitzenleistungen rausholt, sie mit einem Lachen und dennoch der nötigen Ernsthaftigkeit zum Erfolg führt. Erfolg ist kein Zufall, sondern planbar.

Events

Wir organisieren große Events, für die verschiedensten Veranstalter. Dabei übernehmen wir die komplette Dienstleistung der Lokationssuche, bis hin zum Catering und kompletten Handling, dass die Veranstaltung reibungslos abläuft. Selbst organisieren wir eigene Events in der gesamten Welt und für Firmen, die für ihre besten Mitarbeiter Incentives ausrichten.

Wer sind unsere Kunden, Firmen und Seminarveranstalter, die das Handling einem Profi überlassen. Genauso wie Einzelpersonen, die ein außergewöhnliches Fest, wie zum Beispiel Hochzeit, Geburtstag oder sonstige Festivitäten ausrichten.

Wieso Ernst Crameri: Events zu organisieren erfordert einen riesigen logistischen Aufwand, es sind viele Parameter, die zusammen spielen, damit es reibungslos über die Bühne geht. Ein qualifiziertes Team steht Ihnen mit Ernst Crameri, während der Veranstaltung vor Ort zur Verfügung und managt den gesamten Ablauf.

Hörbücher

Hörbücher als wunderbares Instrument, für die Fort- und Weiterbildung. Ideal beim Autofahren, als sogenannte rollende Universität, um neues Wissen zu erlangen. Ebenso beim Sport und auch im Alltag einsetzbar.

Wer sind die Kunden, von der Einzelperson bis hin zu Firmen, die für ihre Mitarbeiter unsere Hörbücher bestellen und verschenken. Oder sogar als Pflichtprogramm für das eigene Team einsetzen. Nur wer permanent trainiert, hat Erfolg.

Wieso Ernst Crameri: Weil ich mit meiner Sprache voller Begeisterung, die Leute motivieren kann. Die Sprache und Ausdrucksweise muss fesselnd sein und die Zuhörer begeistern. Es muss im Gegenüber etwas ausgelöst werden. Ein sich Wiederfinden, um in die Umsetzung zu gelangen.

Mystery X Tests

Als Kunde in Geschäfte gehen und einkaufen, den Service, die komplette Dienstleistung zu überprüfen, um nachher die positiven wie negativen Seiten mit der Geschäftsleitung und dem Team zu analysieren. Danach in die Veränderung zu gehen, durch Training vor Ort.

Wer sind die Kunden, jeder der ein Geschäft hat und auf Servicequalität und Kundenzufriedenheit großen Wert legt. Denn die heutige Konkurrenzsituation ist riesig, wenn ein Kunde nicht zufrieden ist, geht er gleich. Dies gilt es zu vermeiden, und für die Kunden stets die allerbeste Leistung zu bieten.

Wieso Ernst Crameri: Weil ich die Zusammenhänge schnell erkenne und die Firmen wieder in den positiven Mehrwertbereich für die Kunden führe. Jede Firma hat sogenannte Leichen im Keller aber auch Goldadern. Ersteres gilt es zu eliminieren und die Goldadern zu bergen.

Naturkosmetik-Produkte

Herstellung und Vertrieb der eigenen Crameri-Naturkosmetik-Produktelinie, seit über 25 Jahren. Kein riesiges Sortiment, sondern ein straffes und hochkarätiges, für jeden Hauttyp. Spannend auch als White-Labeling, das heißt, die Produkte erhalten das Etikett des Kunden und sind somit seine Produktlinie.

Wer sind die Kunden, der Endverbraucher, welcher jeden Monat die Produkte für den persönlichen Bedarf bezieht. Schönheitsfarmen, Kosmetik-Studios, Friseure, Masseure, Physiotherapeuten, Farb- und Stilberaterinnen, Fußpfleger, Fachgeschäfte und Hotels beziehen die

Produkte. Bei White-Labeling handelt es sich um dieselben Kunden.

Wieso Ernst Crameri: Weil wir seit über 25 Jahren erfolgreich auf dem Markt sind, und Sie in uns einen zuverlässigen Partner haben. Von der Produktion bis hin zur Vermarktung.

Privat-Jet

Ein absoluter Traum, in den Privat-Jet einzusteigen und dies ohne lange Kontrollen und Warten. Die Maschine steht bereit, Sie fahren an und wenige Minuten später befindet sich der Jet bereits in der Luft. Schneller und bequemer geht es nicht.

Wer sind die Kunden, Einzelpersonen, die schnell von A nach B müssen. Skiflüge nach St Moritz, zum Autorennen nach Monte Carlo, nach Sylt und weitere spannende Flüge. Firmen, die ihre besten Kunden oder Mitarbeiter zu einem Incentive einladen.

Wieso Ernst Crameri: Weil wir seit über 20 Jahren in diesem Metier vertreten sind. Ich bin stets dabei und betreue die Gäste vor, während und an den Destinationen. Ich liebe es, mit dem Privat-Jet unterwegs zu sein.

Reisen

In die gesamte Welt, am meisten Kreuzfahrten auf Flussschiffen und auf den Weltmeeren. Mit wunderbaren Rahmenprogrammen, wie besonderen Ausflügen, Vorträgen und Seminaren. Ebenso exclusive 5* Hotels, auf der ganzen Welt.

Wer sind die Kunden, Einzelpersonen, die gerne auf den Events dabei sind und Firmen, die Incentivereisen für ihr Team und ihre Kunden durchführen. Die besondere Belohnung für außergewöhnliche Menschen.

Wieso Ernst Crameri: Weil ich die schönsten und besten Schiffe persönlich kenne. Bei den Reisen selbst dabei bin, oder das qualifizierte Team.

Schönheitsfarm

Naturkosmetik-Schönheitsfarm, mit ganzheitlichen Behandlungen von Kopf bis Fuß. Damit Sie sich richtig schön verwöhnen und die Seele baumeln lassen können.

Wer sind die Kunden, 60% Frauen, die sich etwas Besonderes gönnen und 40% Männer. Diese sind immer stärker auf dem Vormarsch. Einzelpersonen buchen, genauso wie Frauen die ihre beste Freundin oder Mutter mitbringen, bis hin zu Vereinen und Firmen. Männer, die aufs Seminar kommen und die Frauen werden in der Zeit verwöhnt.

Wieso Crameri-Naturkosmetik: Wir sind bereits seit über 35 Jahren auf dem Markt und bilden auch im Beauty & Wellnessbereich aus. Ein hoch qualifiziertes Team wartet auf Sie.

Seminare

Zum Thema Erfolg und alles, was damit zusammenhängt, ganzheitliche Rhetorik, Erfolgsdenken, Geld-Seminare, Ausbildungen zum Beauty&Wellness-Spezialisten, Erfolg im Internet, Social Media und vieles mehr.

Wer sind die Kunden, Einzelpersonen, die sich fort- und weiterbilden möchten. Firmen, die ihr Team zum Training und zur Ausbildung schicken.

Wieso Ernst Crameri: Durch Zehntausende von Schulungen und Seminaren, top im Training und stets auf dem Laufenden. Ferner bin ich Mitglied bei der GSA, German Speakers Association. Mit großer Leidenschaft und Begeisterung auf vielen Veranstaltungen dabei.

Vorträge

Spannende und fesselnde Vorträge vor kleinem und großem Publikum. Vorträge zu den verschiedensten Themen rund um Erfolg. Verstärkt Vorträge zum Thema Internet und hier vor allem Social Media.

Wer sind die Kunden, Organisationen, die mich engagieren, Verbände, Vereine und Firmen. Innovativ unterwegs, in eine völlig neue Welt des Erfolges.

Wieso Ernst Crameri: Durch die brillante Sprache und Ausdrucksweise, ein fesselnder Redner, welcher das Publikum begeistert. Sein Schweizer Akzent und Humor begeistert die Zuhörer im In- und Ausland. Vorträge in Rätoromanisch, Italienisch, Französisch, Hochdeutsch und Schweizer Deutsch.

Bei Fragen wenden Sie sich bitte direkt an

Crameri-Naturkosmetik GmbH
Mannheimerstr. 11b
67098 Bad Dürkheim
Tel. 0049-6322-5734
Fax 0049-6322-66071
E-Mail: Sekretariat info@crameri.de
Geschäftsleitung gn@crameri.de

Ein Auszug aus unseren Werken

Ein Millionär als Traumpartner

ISBN: 978-3-86689-000-8
19,80 € (D)

Fange endlich an zu leben

ISBN: 978-3-86689-001-5
19,80 € (D)

Wahrheit und Klarheit im Kosmetik- und Wellness-Institut

ISBN: 978-3-86689-002-2
19,80 € (D)

Horror - Eingewachsene Zehennägel

ISBN: 978-3-86689-003-9
19,80 € (D)

Gib niemals auf, sei kein Verlierer

ISBN: 978-3-86689-008-4
19,80 € (D)

Bist du ein Mörder?

ISBN: 978-3-86689-004-6
19,80 € (D)

Bist du ein Huhn oder ein Adler

ISBN: 978-3-86689-018-3
19,80 € (D)

Der unendliche Schmerz der Verlassenen

ISBN: 978-3-86689-009-1
19,80 € (D)